MÉNAGE SOCIÉTAIRE.

A la page 184, j'ai dit qu'on me trouverait chez moi les trois premiers jours de la semaine; mais devant passer l'été à la campagne à quelques lieues de la capitale, je ne serai à Paris que le mardi, savoir depuis midi jusqu'à deux heures, dans les bureaux de la Phalange, rue Jacob, 54, et chez moi, rue Boucherat, 26, depuis six heures du soir jusqu'à huit.

A. Barbier. — Imprimerie de P. Baudouin,
Rue et hôtel Mignon, 2.

MÉNAGE
SOCIÉTAIRE

OU

MOYEN D'AUGMENTER SON BIEN-ÊTRE

EN DIMINUANT SA DÉPENSE,

avec indication de quelques nouvelles combinaisons
pour améliorer et assurer son avenir.

PAR

CHARLES HAREL,

Ancien membre des Sociétés d'encouragement pour l'industrie nationale, pour l'enseignement élémentaire, pour l'économie domestique, membre et fondateur des Sociétés phrénologiques de Paris et des Côtes-du-Nord.

L'association est gage de toute économie.

CH. FOURIER.

A PARIS

AU BUREAU DE LA PHALANGE, RUE JACOB, 54.

A LA LIBRAIRIE SOCIALE, RUE DE L'ÉCOLE-DE-MÉDECINE, 4.

ET CHEZ L'AUTEUR, RUE BOUCHERAT, 26.

1839

TABLE.

PREMIÈRE SECTION.

AVANTAGES QUE PRÉSENTE L'ASSOCIATION SOUS LE RAPPORT DU BIEN-ÊTRE PHYSIQUE ET MATÉRIEL.

DEUXIÈME SECTION.

BIEN-ÊTRE MORAL QU'ON TROUVE DANS L'ASSOCIATION.

TROISIÈME SECTION.

ORGANISATION DE L'ÉTABLISSEMENT SOCIÉTAIRE.

Paris ce 29 Juin 1837

Monsieur et ami

Il avait été convenu entre nous, Samedi passé 24 Juin, que j'aurais le plaisir de dîner aujourd'hui 29 avec vous. Mais je suis si faible ~~aujourd'hui~~ si fatigué par l'atonie d'estomac et le dégout des comestibles, que je ne pourrai dîner avec personne, et que la présence d'un homme souffrant serait une serait une triste compagnie. Je resterai donc à mon régime d'abstinence et d'isolement, et je vous en préviens par cette lettre écrite à 10 heures afin que partant à 11 1/2, elle puisse vous être rendue par la distribution de 2 à 3 heures.

Agréez l'expression de mes regrets.

Ch. Fourier

A M. Harel, Rue du Temple N°. 63.

Lith. de Marloux.

AVANT-PROPOS.

Cet ouvrage est surtout adressé aux veufs et aux célibataires. L'association dont je décris les avantages peut aussi convenir à beaucoup de gens mariés sans enfants, qui sont fatigués des embarras du ménage, et qui trouveront ici beaucoup plus de bien-être et de plaisir avec une dépense incomparablement moindre. Ce livre, d'ailleurs, renferme des notions d'économie domestique et d'hygiène, qui en rendront la lecture utile à tout le monde.

On y trouvera aussi le résultat de mes expériences et de mes études consciencieuses sur le magnétisme et la phrénologie.

Comme je suis surtout homme d'action, après avoir décrit les avantages qu'on trouvera dans tous les pays à se réunir pour vivre et s'administrer en commun, j'ai désiré qu'une société s'organisât à Paris, et qu'elle servit de type et de modèle pour en établir de plus ou moins nombreuses, de plus ou moins brillantes. Je suis donc entré dans quelques détails qui concernent particulièrement cette société ; je ne suis point comme ceux qui proposent des associations, et se réservent la plus grande partie des bénéfices. J'offre de donner gratuitement mes soins, mon temps et mes conseils pour l'organisation de cette société dont je ferais volontiers partie comme simple actionnaire, quoique je sois peut-être de tous les veufs ou célibataires de Paris celui qui doive y trouver le moins d'avantages, possédant déjà ceux qui conviennent et suffisent à mes goûts, qui sont fort simples, et à mes besoins, qui sont très minimes. Le seul mobile qui me fasse agir, est cette pensée de madame de Staël :

Chacun ici-bas s'acquitterait dignement envers la vie, s'il dirigeait vers un but élevé, vers une grande entreprise les rayons épars de ses facultés, et les résulats de ses travaux.

A LA PRESSE PARISIENNE.

Celui à qui vous accordez votre protection est toujours sûr de réussir : je la réclame aujourd'hui avec confiance, parce que mon entreprise a un grand but d'utilité dégagé de tout intérêt personnel.

Continuez aussi d'être bienveillante pour les découvertes de Fourier (1). Depuis que, mieux instruite,

(1) Les principaux journaux de la capitale ont rendu, dans ces dernières années, pleine et entière justice à Fourier. On peut citer le Temps, les Débats, le Monde, le National, le Siècle, la Revue des Deux-Mondes, le Droit, le Bon Sens, le Courrier, le Constitutionnel, l'Artiste, etc. Mais le premier en date, comme le plus important par la nature des esprits auxquels il s'adressait, le Bulletin universel des Sciences et de l'Industrie, dès 1824, prédisait, « qu'à moins » d'une marche rétrograde dans la civilisation, si le » développement de l'esprit humain et de la population » n'était point arrêté, *la force des choses* conduirait à » l'application de l'idée de M. Fourier, moyennant de » certaines modifications dans les détails qui doivent » naturellement varier suivant les pays, les hommes et » les institutions qui les régissent. »

vous avez cessé de leur être hostile, elles ont fait dans l'opinion des conquêtes importantes et nombreuses. Si vous prenez activement leur cause, vous rapprocherez l'époque de leur triomphe qui est désormais bien assuré et qui ne peut plus être qu'une question de temps; ainsi vous ne sauriez employer votre puissance à aucune cause aussi belle et aussi certaine du succès dans un prochain avenir. N'écoutez donc pas les préjugés qui peuvent vous rester, voyez par vous-même une théorie sur laquelle on a inventé les contes les plus ridicules et les plus saugrenus, et vous reconnaîtrez que rien n'est, autant que cette théorie, raisonnable et pratique. Mon livre se rapporte à l'une des faces de la théorie de Fourier, il expose les avantages immenses de la consommation en mode sociétaire; on y pourra faire des critiques de style auxquelles je défère d'avance, car je suis bien éloigné d'avoir aucune prétention à cet égard; mais aucun homme de bonne foi, je ne crains pas de le dire, ne pourra se refuser à trouver ce livre sensé et utile.

MÉNAGE SOCIÉTAIRE.

PREMIÈRE SECTION.

AVANTAGES QUE PRÉSENTE L'ASSOCIATION SOUS LE RAPPORT DU BIEN-ÊTRE PHYSIQUE ET MATÉRIEL.

De l'union naît la force.

Nisi est utile quod facimus stulta est gloria.

PHÈDRE.

La gloire est vaine quand l'utilité n'est pas le premier et le principal but de nos travaux.

Avantages généraux de la consommation sociétaire.

Plus les hommes s'éclairent, plus ils reconnaissent la nécessité des associations. Ce sont les avantages qu'elles procurent directement ou indirectement, qui réunissent sur un même point tant et tant d'individus, et qui font les grandes cités.

C'est ainsi que pour six sous, je fais à Paris près de deux lieues dans les *voitures-omnibus*, et ce n'est qu'*un des mille avantages* que je trouve dans cette grande réunion. Je jouis aussi complètement et plus agréablement d'un spectacle à l'Opéra que s'il avait été préparé pour moi seul, ce qui m'eût coûté au lieu de 3 f. 60 c., plus de 100,000 f.; quelle énorme différence!

Maintenant cherchons à augmenter ces avantages, en établissant de petites communes dans la grande.

Ces réunions partielles peuvent avoir plusieurs buts, la production, la consommation, etc.

Un homme d'un génie supérieur, un homme à qui la postérité élèvera des autels, Charles Fourier (1), depuis longues années, a publié des ouvrages sur cette matière. Il a embrassé le problème dans sa généralité; je ne veux le considérer ici que sous le rapport de la *consommation*.

Qu'une personne vive avec une domestique, dans un appartement qu'on appelle complet;

(1) On trouvera à la fin de cet ouvrage une notice sur cet homme vraiment extraordinaire.

qu'il y ait antichambre, salle à manger, salon, cuisine, chambre de domestique, chambre de maître, cave; si elle s'associe avec une seule personne, excepté la chambre à coucher, que l'on voudra probablement posséder séparément, le reste ne coûtera plus que la moitié pour chaque individu; il en sera de même des gages et de la nourriture de la domestique, des dépenses de combustibles, de lumière, de contribution, etc., etc.

L'Ecclésiaste nous dit :

« Il vaut mieux être deux qu'un, car on jouit des avantages de cette société. *Melius est esse duo simul quam unum, habent enim emolumentum societatis suæ.* »

Si, au lieu de s'associer avec une seule personne, on s'associait avec cent, ou mieux, deux cents, la dépense, de moitié moindre, deviendrait dix fois moins forte; voilà pour le logement. Il en serait de même pour la nourriture, si cette personne voulait qu'un bon cuisinier lui préparât chaque jour des mets nombreux, variés et succulents. A Paris, si l'on veut, en vivant isolément, être bien logé et bien nourri, la dépense est considérable; le célibataire qui dépensait six mille francs dans le dernier cas, n'en dépensera plus que mille dans le premier, et se procurera les mêmes jouissances : ce qui sera démontré dans le cours de cet écrit.

Il y a d'autres dépenses qui peuvent être aussi beaucoup diminuées dans un Etablissement sociétaire ; telles sont celles du blanchissage du linge (1), des bains, des journaux ; celles du café, du billard, de la location de livres.

Trouvant à ses côtés société et plaisirs à choisir, on sera moins disposé à chercher au dehors des objets de distraction, toujours coûteux et quelquefois ruineux ; par conséquent moins de frais de grandes toilettes et de voitures. Au nombre de ces plaisirs d'intérieur, on peut citer surtout celui de se promener dans un grand jardin bien peigné, et dans lequel on pourrait établir de petits jardins particuliers, comme on l'a fait aux Invalides et à Sainte-Périne. Quel énorme loyer il faudrait payer, si on voulait, à

(1) Le linge, blanchi dans l'établissement, le sera à meilleur compte que partout ailleurs ; il sera d'un plus beau blanc, et il durera infiniment plus, parce qu'il ne sera ni battu, ni brossé, ni blanchi à la chaux ou par des sels alcalins trop caustiques ; il sera mieux ménagé au séchage et au repassage.

Paris ou près les barrières, jouir isolément d'un pareil agrément!

Il n'y a pas jusqu'à l'habillement où l'on ne doive économiser, puisqu'on se réunira pour acheter en fabrique des pièces de drap qui devront être partagées ensuite.

Qu'un homme veuille avoir son médecin à l'année, cela lui coûtera au moins 300 f.; si on est deux cents réunis, cette dépense ne sera que de 10 f. au plus; c'est trente fois moins. Dans une pareille réunion, on pourrait même établir une infirmerie; dans ce cas, combien serait grande la différence de la dépense du célibataire malade, vivant isolément, obligé alors d'appeler des gardes étrangères, à qui il abandonne forcément son intérieur? et qui peut se flatter de jouir toujours d'une bonne santé?

Toutes les provisions se faisant en grand, on paie ainsi bien meilleur marché des objets qu'on achète de la première main. Non-seulement il y a l'avantage du bon marché à acheter de la première main, mais il y a aussi bien plus de garanties contre les fraudes si multipliées du commerce de détail, fraudes *dont la trop grande concurrence est la cause*. Nous allons passer en revue les plus communes.

Sophistications des denrées et produits.

Je pourrais citer les vins si souvent frelatés, et quelquefois par des substances très nuisibles à la santé. Ils sont édulcorés par la litharge (oxide de plomb) qui est un poison. On y met de l'alun (sulfate d'alumine) pour les rendre plus rouges et leur donner une saveur astringente. Ils sont colorés par les bois d'inde, de campêche, de fernambouc, ou autres drogues de cette nature. Les journaux publient à chaque instant des condamnations prononcées par les tribunaux pour des falsifications de ce genre.

Le vinaigre mélangé d'acide sulfurique (huile de vitriol) qui attaque et détruit l'émail des dents.

Le sel de cuisine dans lequel on a dénoncé, dans ces derniers temps, le mélange de plâtre (*sulfate de chaux*), qui, d'après l'opinion des médecins, peut donner la pierre. On y a même trouvé de l'iode, qui est un poison. Deux épiciers viennent d'être condamnés chacun à 60 fr. d'amende pour un pareil mélange. Les débats ont fait connaître qu'il s'était établi une fabrique exprès pour livrer au commerce de l'épicerie le plâtre divisé en poudre impalpable. Quant à l'iode, il y avait été apporté par les sels qui sont le résidu du travail de la purification des soudes de Varech, et qui ainsi n'ont pas payé de droits à la régie. Je pourrais citer les épinards, l'oseille, les cornichons, que des fruitières verdissent par l'oxide de cuivre ; on sait qu'elles jettent des gros sous dans le vase de cuivre où elles font cette préparation pour donner de l'apparence à ces végétaux.

Les journaux ont dénoncé des boulangers qui mettaient du sulfate de cuivre (*vitriol bleu*) dans le pain pour masquer le bis que donnent des farines inférieures.

Malgré des injonctions et des avertissements antérieurs, les confiseurs et les liquoristes continuaient de se servir de poisons pour colorer leurs bonbons et leurs liqueurs. Ils employaient les oxides de cuivre (*vert-de-gris*), les chromates, oxides de chrome, l'oxide de plomb (*minium*), les sulfures de mercure (*vermillon cinabre de Chine*), les sulfures d'arsenic (*orpin*). Le préfet de police, par son ordonnance du 15 novembre dernier, vient de nouveau de leur défendre d'employer de pareilles matières colorantes, et cette ordonnance, dit-il, *est motivée par des accidents graves dont ils ont été la cause* J'ai vu une jeune demoiselle mourir à Brest pour avoir mangé deux livres de dragées. La matière colorante était très probablement la cause de cet accident.

Je sais que tous ces poisons sont presque toujours en trop petite quantité pour donner immédiatement la mort ; mais que d'inflammations d'estomac et d'entrailles, que de gastrites, que d'entérites dont on ignore la cause, et qui sont évidemment dues à des aliments de mauvaise qualité !

Que de mauvaise foi dans le commerce ! la cupidité est si ingénieuse !

Je pourrais citer les farines de froment mélangées de fécule de haricots ou de pomme de terre.

Le lait non-seulement noyé dans l'eau, mais épaissi par des fécules.

Les mauvais navets, auxquels on donne l'apparence de ceux dits de Ferneuse, si bons et si justement renommés, en les trempant dans une bouillie de terre ocreuse, parce que c'est dans une pareille terre que sont cultivés ces derniers.

J'entre ici dans des détails bien minimes, mais l'économie domestique ne se compose que de détails.

Je n'oserai parler ici du moyen qu'une ancienne marchande de tabac m'a dit avoir employé pour donner à son tabac plus de goût et plus de montant.... Elle m'a dit que c'était le secret du métier, et qu'elle le tenait de la personne qui lui avait vendu son fonds de commerce. Je ne parle pas du marc de café mélangé au tabac, ce n'est un secret pour personne. L'Etablissement sociétaire se préservera de ces sophistications en faisant prendre le tabac à la manufacture même.

Les marchands de Paris emploient aussi un fort vilain moyen pour donner aux fromages de Brie le point de maturité, l'odeur et le goût ammoniacal que recherchent les amateurs. Mais de tous les falsificateurs, celui qui mérite la palme, c'est l'épicier; car, outre l'acide sulfurique qu'il mêle dans son vinaigre, outre le plâtre et l'iode qu'il met dans le sel, outre le vert-de-gris qui se trouve dans ses cornichons, objets dont j'ai déjà parlé, je pourrais citer l'huile d'olive mélangée d'huile de pavot; le café en poudre, de chicorée; la cassonade de cannes, de sucre de pommes de terre, qui, à égalité de poids, a une valeur sucrante moitié moindre; et comme tout se perfectionne, les plus habiles y mettent seulement de la craie ; mais ce que tous y mettent, sans exception, c'est une si grande quantité d'eau qu'elle est toute pâteuse et collante aux doigts ; comme c'est une substance très hygrométrique, il suffit pour atteindre ce but de la tenir dans un lieu humide.

Les sels de soude et de potasse sont mélangés de sel de cuisine, qui coûte 4 sous, et qu'on revend ainsi 9 sous.

Il entre à peine un dixième de cacao dans le chocolat vendu chez l'épicier. Le reste se compose de cassonades brutes et de fécules légèment torréfiées.

Les ognons brûlés, employés pour colorer le bouillon, qui se vendent au poids, sont rendus beaucoup plus lourds par une saturation de mauvaise mélasse.

Le savon de l'épicier est imprégné d'eau salée.

Son eau-de-vie, affaiblie par l'eau, est cependant rendue plus irritante, parce qu'il y a fait infuser de brûlantes épices, qui portent le ravage et l'incendie dans le corps de ces pauvres malheureux, qui cherchent dans cette infernale liqueur l'oubli momentané de leur misère, ou la réparation de forces usées par un excès de travail, par des aliments délétères et trop peu nutritifs.

Peut-on s'étonner d'après cela de voir plus que le quart de la population de Paris mourir dans les hôpitaux et les hospices! Dans le dernier compte rendu par l'administration, on voit qu'en 1837 il y est mort 8,745 individus, qui sont à distraire de 33,926, total de la mortalité. Je n'ai pas compté les enfants morts-nés; mais, si j'avais pu faire distraction des enfants morts sur le sein desséché de leur malheureuse mère, j'aurais trouvé des proportions effrayantes. L'année précédente, celle de 1836, il est mort dans les hôpitaux 8,346, et à domicile 15,142. *Voilà les fruits et les résultats de la mauvaise organisation du travail et de l'anarchie qui règne dans le commerce* (1).

L'épicier vend au malheureux séduit par une minime différence de prix des légumes secs qui, recouverts d'un vernis imperméable à l'eau, ne pourront cuire, quelque combustible et quelque

(1) Cette mortalité diminuerait si, comme je l'ai proposé au conseil-général, on supprimait l'Hôtel-Dieu pour le remplacer par une maison de convalescence près Paris.

temps qu'on y employe, ce qui rendra cet aliment indigeste et nuisible (1).

Le poivre est mélangé de terre d'Auvergne. J'entendais dire dans ma jeunesse : Sans la terre d'Auvergne les épiciers iraient en paradis. Il parait qu'alors ils ne fraudaient que sur le poivre; où iront-ils aujourd'hui qu'ils sont si habiles dans l'art de tromper et de falsifier toutes leurs marchandises? Il est vrai que presque tous les marchands fraudent et trompent; mais dans ce régiment l'épicier et le marchand de vin sont les commandants.

Suite des sophistications, et moyens préservatifs.

Dans une nombreuse association, il se trouvera plusieurs experts en chimie et en physique, car aujourd'hui ces sciences sont généralement cultivées. Le chimiste avec ses réactifs, le physicien avec ses instruments, découvriront bientôt la fraude.

Le premier, avec quelques gouttes de nitrate de baryte, saura bien découvrir les plus petites

(1) On saurait, dans une association, parer à l'inconvénient signalé ici, au moyen d'une légère dissolution de potasse.

quantités d'acide sulfurique et de sulfates, qui se trouvent dans le vin, dans le vinaigre, dans le sel de cuisine et dans le pain. Il pourrait aussi reconnaître l'alun dans le vin en précipitant l'alumine par l'ammoniac après avoir préalablement décoloré le vin par le chlore.

En se servant de l'alkalimètre il saura reconnaitre la quantité d'alkali réel qui se trouve dans la soude ou la potasse, et par conséquent lui assurer sa véritable valeur vénale.

Avec l'iode il reconnaîtra les moindres quantités de fécules introduites dans le lait, qui devient alors bleu ; le même résultat a lieu quand il se sert de la fécule pour découvrir l'iode dans le sel de cuisine.

Avec les acides hyponitriques et nitriques, il découvrirait un centième d'huile de pavot dans l'huile d'olive, dont elle retarde la solidification pendant 40 minutes.

Par l'hydrogène sulfuré (acide sulfhidrique), il découvrirait les oxides et les sels de plomb, qui se trouvent soit dans le vin, soit sur les bonbons.

Avec l'ammoniac, il découvrirait les oxides et les sels de cuivre dont on se sert pour colorer les légumes cuits qu'on achète chez la fruitière, les bonbons et notamment la liqueur d'absinthe.

Le physicien, avec son microscope, saura distinguer les molécules de la farine de froment et celles de la fécule de pommes de terre ou haricots; il saura distinguer le sucre de cannes qui cristallise en aiguille du sucre de pomme de terre, dont la forme est celle des petits grains de millet. Cet instrument servirait aussi à reconnaître les altérations et les qualités plus ou moins salubres du lait. Cette observation est plus importante qu'on ne pense. On ne peut presque pas élever ses enfants au biberon à Paris, ce qui se fait très bien dans les départements. Il est grandement probable que la mauvaise qualité du lait est une des plus grandes causes de la mort de ces enfants. Les nourrisseurs qui tiennent constamment leurs vaches dans des écuries peu aérées et dans des étuves chaudes, pour qu'elles donnent plus de lait, les rendent ainsi phthisiques. On trouve des tubercules dans les poumons de presque toutes les vaches des nourrisseurs de Paris et des environs. Serait-ce donc là une des causes qui nous enlève par cette maladie tant de jeunes et jolies personnes? (1)

(1) *Voyez* plus bas, au chapitre AIR, les observations du docteur Baudeloque.

Le *National* du 9 janvier dernier, à l'occasion de l'altération du lait, dont il était question à cette époque, s'exprime ainsi : « En voyant la » phthisie pulmonaire moissonner à elle seule » le 5ᵉ des individus qui meurent dans Paris, » peut-être pourrions-nous signaler comme » cause de la fréquence de cette maladie de » coupables abus que la cupidité seule engen- » dre, mais qui équivalent souvent par leurs » résultats désastreux à une perversité pro- » fonde. »

Je connais aussi de ces manœuvres ; mais il y a des choses qu'on ne doit pas dire pour ne pas en rendre l'usage plus fréquent. Les journaux qui ont publié il y a quelques années la mésaventure de la laitière de Newyork ont fait beaucoup de mal.

Après avoir su reconnaître les diverses altérations du lait par cet instrument de physique, le chimiste pourrait aussi les reconnaître par l'ammoniac, ainsi qu'il en a été fait mention à l'Institut dans ces derniers temps. MM. Darcet et Petit viennent de publier un travail sur le lait ; il résulte de leurs observations que les vaches tenues constamment à l'étable donnent un lait acide que les enfants ne peuvent digérer, ce qui n'a pas lieu pour les vaches qu'on fait sortir pendant le jour, et qui donnent un lait légèrement alkalin. Un morceau de papier bleu suffit pour reconnaitre le lait; dans le premier cas ce papier devient rouge, on doit neutraliser l'acide par le bicarbonate de soude.

Le physicien, avec son galactomètre, pourra indiquer quelle quantité d'eau la laitière a mise dans son lait et quelle quantité de crème ce lait contient. C'est un instrument fort précieux pour un cultivateur, parce qu'il peut indiquer d'une manière exacte les effets de telle ou telle nourriture pour la production de la crème et la valeur de telle ou telle vache.

Le physicien, avec ses machines électriques, saura découvrir le mélange des différentes huiles différemment conductrices de l'électricité.

Le chimiste faisant bouillir de la flanelle dont la chaîne est en coton avec une dissolution de potasse marquant 12 degrés, reconnaîtra la fraude, parce que la laine se dissout pour former du savon, tandis que le coton n'est que faiblement altéré, (ces sortes de flanelles sont peu convenables pour vêtements qu'on met sur la peau).

Quoiqu'il soit facile par le goût de distinguer

la chicorée du café, on peut ostensiblement prouver le mélange. On remplit un verre d'eau; lorsqu'il est plein on projette sur ce liquide cette poudre qui reste à la surface si c'est du café pur; s'il est mêlé de poudre de chicorée, celle-ci absorbe l'eau immédiatement, tombe au fond du vase et colore le liquide en jaune; on conçoit que ce procédé est fondé sur la texture différente des deux produits qui absorbent l'eau dans un espace de temps bien différent, le café étant moins perméable en raison de son huile. Si on examine la poudre mouillée qui tombe au fond du vase, on voit qu'elle n'a pas la consistance du café et qu'elle est molle, ce qui n'arrive pas pour le café qui aurait séjourné dans l'eau.

Parlerai-je du pharmacien? Si j'entrais dans son officine, je lui dirais : Mettez la main sur la conscience, et dites-moi si vous n'avez pas mis dans votre poudre de quinquina de la poudre d'écorce de chêne; si les sels de sulfate de quinine ou autres, qui sont fort chers, ne sont pas mélangés. Si je lui faisais des reproches sur ces altérations, ne pourrait-il pas me répondre : « L'épicier et le grainetier-herboriste vendent » aujourd'hui les sirops et une partie des dro- » gues que nous seuls vendions autrefois; il y a

» d'ailleurs quatre fois plus de pharmaciens que » cela n'est nécessaire. »

. Pauvre société, comme tu es mal organisée ! (1)

Il y aurait tant à dire sur cette sophistication et altération des denrées et marchandises !

Fourier, dans son ouvrage intitulé *La fausse industrie*, p. 548, désirait qu'on en formât des tableaux qu'on pût consulter.

« Mais les analyses des crimes du commerce » nous manquent à tel point qu'on n'a pas même » celle de besoin journalier, les tableaux des » fourberies que l'acheteur essuie sur chaque » espèce de matières, tableaux qu'il consulte- » rait avant de faire son achat.

» J'entendis un jour énumérer les tricheries » des bouchers sur la pesée, les ruses de faux » poids, on en expliqua au moins trente. Le » narrateur paraissait un ex-praticien qui les » savait toutes. Il faudrait recueillir et publier

(1) On a limité le nombre des boulangers, bouchers, notaires, avoués, huissiers et commissaires priseurs ; il eût été bien plus important de limiter le nombre des pharmaciens comme on l'a fait en Danemarck et ailleurs ; car ici il s'agit de la santé et quelquefois de la vie.

» de tels détails sur chaque branche de chaque » espèce de commerce ; je dis chaque branche, » car celui-ci ne dissertait que sur la branche » du pesage ; or, les bouchers fraudent sur d'au- » tres branches, sur la qualité, la réjouissance, » la sanité des viandes, etc. »

Non-seulement le marchand trompe sur la qualité, mais aussi sur la quantité. Tous les jours on voit dans la *Gazette des Tribunaux* des condamnations pour ce délit. Celle du 15 février 1838 annonçait 1,302 condamnations pour faux poids pendant l'année précédente. Ce sont des boulangers vendant des pains qui ne pèsent que 3 livres 2 onces au lieu de 4 livres. Les uns ont de faux poids et de fausses balances, les autres de fausses mesures. On peut encore tromper avec des mesures et des poids qui sont justes. Voici le moyen qu'employait un marchand de vin : il avait fait placer de magnifiques glaces dans sa boutique, et pendant que la femme qui venait acheter du vin examinait si son bonnet était bien placé et lui allait bien, le marchand, en transvasant le vin de sa mesure dans la bouteille apportée, en faisait tomber sur son comptoir une bonne partie, qui était reçue dans un réservoir placé au-dessous. Il a dit à quelqu'un de ma connaissance que ces glaces lui rapportaient plus de mille écus par an. (Je ne parle pas du bénéfice que lui donnait le puits placé dans sa cour.) Pends-toi, épicier, tu n'as pas trouvé celui-là; il est vrai que l'inventeur était un homme de génie qui connaissait bien le cœur féminin (1). Dans l'association que je propose, tout sera pesé et mesuré avec les poids et mesures de la maison.

Pauvre malheureux ouvrier, tu n'as ni poids ni balances! tu n'as ni réactifs chimiques ni instruments de physique pour découvrir tant et tant de fraudes, tant de sophistications; aussi tu es condamné à payer tout plus cher, et à n'avoir que de mauvaise qualité. On a observé que c'était dans les endroits habités par les pauvres que se faisaient les plus belles fortunes dans l'épicerie de détail. Un des plus brillants hôtels de la rue de Provence, Chaussée-d'Antin, ap-

(1) J'apprends que presque tous les marchands n'ont pas tardé à employer ce moyen si utile pour donner des distractions dont ils savent profiter avec tant d'adresse, soit en coupant vivement l'étoffe au-dessous de l'endroit marqué par la mesure, soit en soulevant avec le petit doigt la balance où se trouvent les poids.

partient à un marchand épicier du quartier de la place Maubert.

Revenant au moindre prix dont on paie les provisions en grand et à leur meilleure qualité, je puis citer un mets dont on fait le plus fréquent usage en cuisine, c'est le lard. Qu'on envoie sa domestique en chercher une livre, ce qui arrive si souvent dans le petit ménage, le charcutier lui donnera quelquefois un morceau pareil à ceux dont la police a fait saisir un jour plusieurs charretées comme pouvant être nuisibles à la santé. *La Gazette des Tribunaux*, du 8 décembre 1834, a publié que la police venait d'enlever chez quatre-vingt-sept charcutiers cinq mille kilogrammes de *lard gâté*. Cinq mille kilogrammes ! dix mille livres seulement dans un jour !

Une association nombreuse ferait tuer plusieurs cochons par an, et profiterait ainsi des bénéfices du charcutier, bénéfices qui ne sont pas minces si on en juge par la grande fortune de messieurs Véro et Dodat, connus par la belle galerie qu'ils ont fait bâtir, et qui porte leur nom. Ce sont de ces bénéfices qu'un homme vivant isolément ne peut faire. Il y en a tant d'autres ! La desserte d'un ménage peu nombreux ne mérite pas qu'on s'en occupe ; celle d'un ménage de deux cents personnes peut servir très avantageusement pour les animaux qu'on élève dans la basse-cour.

Il y a des mets qu'on ne peut manger dans le petit ménage, parce qu'on ne trouve point à les acheter dans les proportions analogues à la consommation : tels sont la tête de veau, le turbot, le homard, et plusieurs autres comestibles que les marchands ne divisent pas.

Il y a d'autres mets qui ne sont pas bons cuits en petite quantité.

Chargé par son maître d'acheter au marché ce qu'il y avait de meilleur, Ésope ne rapporta que des langues. Un autre jour, devant choisir ce qu'il y avait de pire, il ne prit encore que des langues.

Moi, je dirai sans figure et sans allégorie qu'il n'y a rien de meilleur qu'une bonne grosse culotte de bœuf en bouilli, ce qu'on appelle la pièce tremblante ; mais aussi y a-t-il rien de mauvais comme un petit morceau de bouilli bien sec, bien ratatiné, et qui a donné tout son jus dans la soupe ?

Mais, me dira-t-on, pour avoir de bonne soupe, il faut que par une ébullition lente et prolongée les sucs de la viande aient passé dans le bouillon ; on ne peut donc avoir simultanément et bonne soupe et bon bouilli ; d'ailleurs la culotte qui fait un si bon bouilli est moins convenable que d'autres parties de l'animal pour faire de bonne soupe. Je répondrai qu'avec un nombreux domestique on pourra dès le matin mettre dans la marmite la quantité de gite nécessaire pour sa nourriture, et trois heures avant de dîner la culotte de bœuf; ainsi, on aura et bonne soupe et bon bouilli. On ne peut faire ces choses là dans un petit ménage.

Les anciens pourraient encore se souvenir de la marmite perpétuelle où les grands seigneurs allaient dans la rue des Boucheries se régaler, et manger le chapon qu'on trouvait délicieux, parce qu'il en cuisait des centaines à la fois. Il y a une bien grande différence de saveur entre le lard cuit en petite ou en grande quantité.

Dans la réunion nombreuse, on aura plusieurs domestiques, et, comme on trouvera le moyen de donner de bons gages, on aura aussi des talents plus distingués en cuisine, lesquels sauront préparer des conserves et des mets qu'on est obligé d'acheter chez le pâtissier, chez le vinaigrier, chez le confiseur.

Si je poursuivais mes calculs, on verrait quelle économie de combustible on obtient en remplaçant tant et tant de chandelles ou de lampes par quelques becs de gaz, deux cents poêles de salle à manger par un calorifère, deux cents pots au feu par une ou deux marmites.

M. le comte de Rumfort, si connu par ses belles découvertes en physique et l'exactitude de ses expériences, a prouvé qu'il pourrait y avoir économie de combustible dans les rapports d'un à vingt, suivant qu'on ferait bouillir un liquide à feu découvert, comme cela a lieu le plus ordinairement, ou bien qu'on envelopperait le vase contenant ce liquide d'un fourneau construit d'après les principes de la science pyrotecnique. Il a prouvé de plus que cette économie de combustible croissait comme la quantité de liquide à chauffer jusqu'au maximum d'environ trois cents litres.

Dans nos petits ménages, le défaut d'emplacement et de pièces convenables nous empêche souvent de nous occuper de conserves, et de faire des provisions. C'est parce que je n'avais pas de fruitier que j'ai payé, dans un mois de février, la livre de chasselas 4 francs; elle n'eût coûté que 4 sous quatre mois plutôt; il en est ainsi des autres fruits. Le défaut d'espace n'est pas le seul obstacle qui empêche de se procurer des jouissances et de l'économie. Dans la préparation des conserves, quelque habile qu'on soit en économie domestique, on ne peut pas espérer trouver dans une personne les mêmes connaissances que dans un grand nombre; il y a donc beaucoup de bonnes préparations qu'on ignore. Chacun ne sait pas que l'on conserve les œufs pendant plusieurs mois en les mettant dans l'eau de chaux, de telle sorte qu'un œuf qui a coûté un sou dans le mois d'octobre, en vaut deux et plus dans le mois de janvier; c'est gagner 100 pour 0/0 dans l'espace de trois mois. *Ab uno disce omnes.*

Ainsi, par les procédés d'Appert, on mangera pendant l'hiver des petits pois qui coûteront bon marché, attendu qu'ils auront été préparés pendant l'été par les nombreux domestiques de la maison sous l'inspection du groupe sociétaire particulièrement chargé des préparations culinaires.

La gélatine de Darcet, très proprement préparée sous les yeux de ce groupe, sera habilement employée, et sera d'un grand effet, soit sous le rapport économique, soit pour flatter agréablement le goût et conserver la bonne santé. Le célèbre cuisinier Carême, qui a fait de très bons ouvrages sur son art, et qui fut connu de tous les gourmets, avait pris sous sa protection ce produit de la science; il en composait des blancs-manger excellents, et s'en servait avantageusement pour d'autres mets. Quant à l'économie et à la santé, je dirai que M. Cicéron, qui fut administrateur de l'école Polytecnique, m'a dit qu'en mouillant les légumes avec cette gélatine au lieu de beurre, il y trouvait une économie de 20 francs par jour; qu'avant d'employer ce moyen, *il y avait toujours plus de vingt malades à l'infirmerie, et que depuis cette introduction, il n'y en avait jamais eu plus de sept.* M. Arago, dans un rapport qu'il a fait à l'Institut, vient de corroborer cette assertion en citant des faits de même nature, et qui sont le résultat d'une longue expérience faite à Metz.

Presque tous les ménages ignorent que des pommes de terre placées dans un tonneau où l'on a brûlé des mèches soufrées (comme on le fait lorsqu'on veut empêcher la fermentation dans le mout du raisin ou dans les vins doux), que ces pommes de terre, dis-je, peuvent y passer un an et plus sans germer, et qu'elles y acquièrent même un petit goût sucré. C'est un fait que je tiens de M. Fouques, habile chimiste. Cependant la théorie l'indique, car on sait, depuis les belles expériences de Saussure et de Gay-Lussac, qu'il n'y a pas de germination et de fermentation sans oxygène libre; et quant au goût sucré que prennent les pommes de terre, on sait, d'après les expériences de Kirshoff, que la fécule se change en sucre par la présence de l'acide sulfurique. C'est ainsi qu'aujourd'hui on fait d'excellente eau-de-vie avec la pomme de terre. Déjà les liquoristes la préfèrent à l'eau-de-vie de vin, et la paient plus cher, parce que celle-là étant privée de l'huile douce du vin, il leur faut moins d'ingrédients pour aromatiser leurs liqueurs. Malheureusement les étrangers connaîtront bientôt ces moyens, et je doute que dans trente ans la France leur vende une seule barrique d'eau-de-vie de vin (1). Voyez comme la plus petite invention peut changer le sort des nations.

Sait-on qu'en filtrant l'eau-de-vie de cidre sur

(1) En 1827, les Anglais nous ont acheté quatorze millions de litres d'eau-de-vie, et en 1836 ils ne nous en ont plus acheté que six millions.

du charbon en poudre, on la rend en tout semblable à la bonne eau-de-vie de vin? J'en ai donné à déguster, après cette préparation, à un dégustateur titré, qui m'a dit que c'était de l'eau-de-vie de La Rochelle, lorsque en réalité c'était de l'eau-de-vie de Caen. L'analogie devait y conduire, car on savait que le charbon absorbe les couleurs et les odeurs. En filtrant ainsi sur ce corps du vinaigre de vin rouge, il devient blanc et limpide, et, par ce moyen, des eaux infectes, cadavéreuses même, deviennent inodores et salubres.

Sait-on que l'on peut vieillir l'eau-de-vie en la filtrant sur des morceaux de bois de chêne très divisés? Il suffirait cependant de réfléchir que l'eau-de-vie ne s'améliore pas en bouteille, mais seulement dans les tonneaux, parce qu'elle dissout quelques parties extractives du bois, et lui donne ainsi un goût qui plaît aux gourmets.

Sait-on que l'on peut vieillir les vins en les faisant passer de suite d'un lieu très froid dans un lieu très chaud, et *vice versâ?* (1) Chaque fois

(1) On peut voir dans le dernier volume (le 34e) des brevets d'invention expirés un appareil fort ingénieux de M. Gervais pour obtenir facilement et manufacturièrement ce résultat.

qu'on fait cette opération, on leur donne une feuille, c'est-à-dire qu'on hâte leur maturité, qui devient égale à ce qu'elle eût été après un an de séjour dans la cave ou le cellier. Des vins, ainsi manipulés, sont fort agréables; mais il faut les boire avant l'année révolue. Dupont, de Nemours, qui tenait ce secret de l'ancien marchand de vin de la cour, m'a dit que ce fournisseur ayant envoyé à Fontainebleau, suivant les ordres qu'il en avait reçus, le vin nécessaire pour le temps de la chasse, ce vin n'avait point été bu, parce qu'une maladie du roi avait empêché le voyage. L'année suivante, on but ce vin, qu'on trouva usé et passé. Le fournisseur répondit aux reproches qu'on lui faisait : « Je vous ai » envoyé du vin qui devait être bu l'an dernier, » et non du vin pour être bu un an après, parce » que chaque chose a son point de maturité. »

Puisque nous en sommes sur le chapitre des vins, croit-on qu'un habile chimiste ne ferait pas pour moins de 20 sous, soit avec du sucre de pommes de terre qui est identique avec le sucre de raisin, soit avec des vins d'Anjou, des vins dits de champagne, qui seraient pour le moins aussi bons que ceux qu'on nous vend chez le restaurateur, et qu'on nous fait payer

4 ou 5 francs ? Qui sait jusqu'à quel point l'art pourra imiter la nature, et surtout depuis que la chimie vient de trouver le moyen de fabriquer artificiellement la substance qui en forme le bouquet, l'huile douce du vin? Je connais un ancien banquier de Paris qui possède de vastes domaines en Touraine, et qui vend toute sa récolte de vin comme vin de Champagne. Il a ainsi plus que quadruplé les revenus de sa terre. Les journaux annonçaient dernièrement qu'une maison de Studgard venait d'expédier dans les pays du nord 50,000 bouteilles de vins dits de Champagne de sa façon; et si j'ai été bien informé, le sucre de pommes de terre entre pour bonne part dans la confection.

On commence à faire un grand usage de l'eau de Selz, souvent utile et toujours fort agréable pendant l'été; mais cette eau qui coûte 5 sous en gros et 10 sous au moins chez le restaurateur, préparée dans la maison sociétaire, ne reviendrait pas à un sou la bouteille; on y fera aussi avec le même avantage les limonades gazeuses.

Ce n'est guères qu'en grande association qu'on peut tirer bon parti de ces connaissances, et non dans le ménage isolé.

Une glacière établie dans la maison permettrait de conserver pendant les grandes chaleurs des provisions qui sont souvent perdues dans les petits ménages, elle permettrait d'acheter à bien bon marché des aliments qui ne devraient être consommés que quelques jours plus tard : tels seraient, par exemple, des volailles ou du poisson (1). Les mille francs que coûterait une pareille glacière répartis entre 200 sociétaires donneraient pour chacun 5 francs de cotisation.

Pourra-t-on regretter cette somme, quand elle donnera l'avantage de prendre pour moins de 5 sous des glaces et des sorbets qui coûtent 20 sous à Paris, et l'avantage encore plus grand d'avoir sous la main un moyen de guérison ; car on sait que la glace est souvent employée avec le plus grand succès en médecine ? sans glace le

(1) On pourrait, par le moyen de commissionnaires, qui ne viennent à Paris que deux fois par semaine pour les jours de marché, tirer, de pays éloignés de la capitale de 8 à 10 lieues, son lait, qu'on conserverait dans un lieu attenant à la glacière ; il en résulterait deux avantages : on le paierait meilleur marché et il serait plus salubre, puisqu'il viendrait de vaches qu'on ne tient pas constamment à l'étable, comme celles de Paris et de sa banlieue.

pâtissier ne pourrait faire de bon feuilletage en été.

Quand on vit isolé il faut s'occuper de toutes les parties de l'économie domestique, depuis la cave jusqu'au grenier, quelle que soit la répugnance naturelle qu'on éprouve à s'occuper de certaines parties de cette administration, qui alors sont en souffrance.

Je suppose, par exemple, une dame qui n'aime point à soigner sa cave, elle en abandonne entièrement la disposition à sa domestique; celle-ci n'étant pas surveillée, sera tentée d'abuser, car il est difficile de se contenir quand on trouve l'occasion favorable pour satisfaire ses passions; ce qui a fait dire à Jean-Jacques, qu'il est plus facile de s'abstenir que de se contenir.

Dans la grande réunion on se partagera suivant ses goûts les soins de cette surveillance et de cette administration, avantages immenses, car, outre la somme de lumière que chacun des associés pourra apporter dans la sphère que son inclination l'a conduit à étudier, il opérera une surveillance d'autant plus active, qu'elle ne portera que sur un petit nombre d'objets, et d'objets de son goût et de son choix. Ceux qui ont administré, savent que dans l'état actuel de la société, ce n'est que par la surveillance la plus active qu'on se fait bien servir de ses ouvriers ou de ses domestiques. Si on tombe malade, on est remplacé dans cette surveillance par un coassocié; mais chez l'homme vivant isolément, que de gaspillage pendant la maladie! C'est cette surveillance active sur les domestiques, c'est la participation directe ou indirecte des associés à leurs travaux, qui fera que non-seulement on sera mieux servi par eux, mais encore qu'on pourra diminuer leur nombre.

Les domestiques.

> Dans l'ordre actuel, le serviteur, obligé de vaquer à vingt fonctions, dont moitié peuvent lui déplaire, s'en prend aux maitres des dégoûts attachés à son état, et souvent même il hait ses maitres avant de les connaître.
>
> FOURIER.

> Vouloir que ton esclave soit parfait, c'est vouloir que le vice ne soit pas vice.
>
> EPICTÈTE.

> Il faut par nos penchants nous conduire au devoir.
> Sur les cœurs corrompus les lois sont sans pouvoir.

Je fais un chapitre à part pour les domestiques. C'est bien ici que se trouvent les plus grandes tribulations du ménage bourgeois qui se plaint sans cesse d'être mal servi, parce qu'il n'a pas, dit-il, le moyen d'être volé, parce qu'il ne peut trouver dans son seul domestique la dextérité, et surtout les talents que le grand seigneur trouve épars chez ses 20 serviteurs. Dans l'association que je propose, celle de 200 personnes, on sera mieux servi que le grand seigneur, en dépensant six fois moins que ne coûte une méchante cuisinière : ce que je vais prouver par les calculs les plus positifs. 200 domestiques à 200 fr. de gages, (je prends le taux le plus bas) c'est 40,000 fr., mais les gages sont la moindre partie de la dépense, puisqu'il faut ajouter la nourriture, le blanchissage, le gaspillage, etc.

J'entends tous les jours estimer cette dépense totale 1,000 fr. par an à Paris pour chaque domestique. Je vais la réduire de beaucoup et ne la porter qu'à 600 fr.

Les deux cents cuisinières coûteraient donc 120,000 fr.

Mettons en regard la dépense faite dans la grande réunion :

Pour les gages d'un cuisinier, 1,200 f.
on lui adjoindra deux habiles cuisiniè-

D'autre part,	1,200 f.
res dites cordons bleus, à 600 f. chaque;	1,200
deux autres cuisinières à 300 fr.	600
deux gardes malades infirmières qui pourront être chargées de la lingerie à 400 fr.	800
un jardinier,	500
les treize autres domestiques seront payés 200 fr.;	2,600

car il ne faut pas grand talent pour donner des assiettes, laver la vaisselle, balayer, frotter, plumer la volaille, etc. Ces gages seront inégalement répartis; c'est ainsi, par exemple, que deux petits savoyards d'une douzaine d'années qui seront employés à nettoyer bottes et souliers n'auront pas chacun 200 f. de gages. L'expérience apprendra bientôt quelles sont les modifications à apporter au premier tarif, et à payer chacun suivant ses œuvres et sa capacité.

Prenons pour la nourriture de ces vingt-un domestiques la même base que nous avons prise pour le ménage isolé: 400 f. de plus pour chaque indi-

D'autre part,	6,900 f.
vidu c'est :	8,400
Total.	15,300 f.
Ajoutons pour primes, excellent moyen, car le zèle se soutient par la récompense ; on donnera de la pompe à cette distribution, afin que la vanité soit aussi flattée. Cet argent sera placé de rigueur à la caisse de prévoyance.	1,200
Total.	16,500 f.

Je veux bien porter cette dépense à 20,000 f., il reste encore 100,000 f. de bénéfice et d'économie. On ne raisonne pas contre les chiffres, en voilà d'assez concluants.

Il est certain que la somme que j'assigne pour la domesticité sera plus que suffisante ; car en divisant et subdivisant les travaux on les rend plus faciles et plus expéditifs. Dix ouvriers dans une petite manufacture d'épingles en font 48,000 dans un jour, lorsqu'un ouvrier n'en ferait pas la millième partie, s'il était seul. Dans les ménages isolés, que de temps de perdu seulement pour les achats !

Ces 20,000 f. divisés par deux cents personnes

donnent 100 f. pour chaque sociétaire. Ce n'est, par conséquent, que le sixième de ce qu'il payait pour être vingt fois plus mal servi, ce que je vais prouver.

La cuisine est un art, et un art difficile. Un maître dépense souvent moins qu'un adepte, en donnant de bien meilleures choses.

L'habile cuisinier est un chimiste qui a observé que les affinités, et par conséquent les combinaisons variaient suivant les masses, et suivant le degré de calorique auquel on les soumet, ce qui en modifie les saveurs et les qualités hygiéniques. On sait, par exemple, qu'une haute température convertit les graisses en acide sébacique, ce qui rend les ragoûts au beurre roussi d'une difficile digestion et d'un effet nuisible à la santé.

Le docteur Alibert, dans son ouvrage sur les passions, s'exprime ainsi : « Le cuisinier a dû
» approfondir l'art de modifier les aliments par
» l'action du feu ; cet art exige de nos jours des
» études et des combinaisons savantes : il faut
» avoir réfléchi long-temps sur les productions
» du globe pour employer avec habileté les
» assaisonnements et déguiser l'amertume de
» certains mets, pour en rendre d'autres plus

» savoureux, pour mettre en œuvre les meil» leurs ingrédients; le cuisinier européen est » celui qui brille surtout dans l'art d'opérer » ces merveilleux mélanges. »

Le spirituel auteur de la Physiologie du goût, Brillat-Savarin (1), rapporte que le président Henrion de Pansey, s'adressant aux trois savants, Chaptal, Laplace et Bertholet, leur disait : « Je regarde la découverte d'un mets nouveau qui soutient notre appétit et prolonge nos jouissances comme un événement bien plus intéressant que la découverte d'une étoile; on en voit toujours assez. »

« Je ne regarderai point, continuait ce magistrat, les sciences comme suffisamment honorées, ni comme convenablement représentées, tant que je ne verrai pas un cuisinier siéger à la première classe de l'Institut. »

L'habile cuisinier sera donc un homme précieux pour une pareille association, qui devra nécessairement être composée surtout de vieux célibataires, parce que c'est cette classe qui doit en retirer le plus d'avantages. Les plaisirs de la

(1) Sa devise était : Aux bonnes gens les bonnes choses.

gueule, comme auraient dit Montaigne ou Rabelais, sont les plaisirs de tous les âges, surtout de l'âge avancé. Je m'aperçois que je suis vieux, disait un pair de France à quelqu'un de ma connaissance, je deviens gourmet et gourmand.

Le goût, dit le docteur Foissac, survit à la perte de tous les penchants, de tous les appétits, de tous les plaisirs. C'est le dernier ami fidèle à la vieillesse.

L'homme opulent n'a souvent qu'un cuisinier, dont il déplore l'absence quand une maladie ou autre accident l'en prive momentanément, et quelquefois par fatalité, au milieu de la préparation d'un dîner invité. Ici, nous avons quatre remplaçants, dont deux devront être habiles en raison des gros gages qu'on leur donne; et quelque expert que soit le cuisinier, comme on ne peut pas tout savoir, il se trouvera que certains mets apprêtés par les seconds seront meilleurs que ceux préparés par le chef. Il y a d'ailleurs des talents qui semblent être innés. « On devient cuisinier, on naît rôtisseur, » dit encore le savant professeur Brillat-Savarin. Voilà pour le talent. Peut-on sous ce rapport établir la moindre comparaison entre l'élégance et la bonté du service qui sera fait ici par vingt personnes qui ont choisi les objets de leur goût, et, ne s'occupant que de ces objets, ont bientôt acquis une dextérité étonnante à les préparer, et entre le service fait par une seule personne obligée de s'occuper des détails si multipliés du ménage, depuis la cave jusqu'au grenier?

Je n'ai parlé jusqu'ici que de l'aptitude et du goût que les maîtres ont pour certains travaux du ménage. On sentira facilement combien il est plus important que celui qui est forcément obligé de les exécuter possède ces goûts et cette aptitude. Comment peut-on espérer qu'une seule domestique ait du goût et de l'aptitude pour tant et tant de travaux, pour tant et tant de détails qui composent l'ensemble d'un ménage? Aussi entendez-vous un maître se plaindre de la gaucherie, de la lenteur ou de l'ignorance de son serviteur dans telle ou telle partie du service, tout en rendant justice à ses talents pour certains objets. Dans la société proposée, on a vingt domestiques, on a donc vingt fois plus de chances que dans le ménage isolé qui n'a qu'un serviteur, de trouver des aptitudes, des goûts, des talents appropriés aux différents travaux du ménage.

Non omnia possumus omnes.

La nature, fertile en esprits excellents,
Sait entre les auteurs partager les talents.

Les chances sont d'autant plus grandes qu'on paiera plus cher les connaissances acquises. Une société plus nombreuse offrirait, sous ce rapport et sous beaucoup d'autres, encore plus d'avantages.

Abordons le chapitre de la *moralité*.

Tous les achats se faisant en grand par le directeur aidé de son conseil, on n'aura pas, comme dans le ménage isolé, à envoyer la cuisinière au marché; elle se trouve à chaque instant aux prises avec sa conscience. Ecoutez ce que dit une femme d'une rare intelligence et d'une grande expérience, madame Pariset (1).

« C'est par la multiplicité des achats faits » chaque jour que s'exerce le mieux l'habileté » d'une cuisinière. Cet art de répartir un gain » *honnête*, mais journalier, assez adroitement » pour qu'il ne soit pas aperçu, s'appelle *faire* » *danser l'anse du panier*. Il est bien peu de » femmes qui, se consacrant à l'état de cuisi- » nière, n'apporte pas toutes les dispositions

(1) *Manuel de la maîtresse de maison*. A Paris, chez Audot, libraire, rue des Maçons-Sorbonne, n. 11.

» nécessaires à la pratique de cet art *précieux*.
» Dès leur premier pas dans la carrière, il leur
» est enseigné avec un soin et un empressement
» admirables par celles qui ont quelques années
» de *savoir-faire*. Ces leçons se donnent sur place,
» c'est-à-dire au marché, à l'heure où l'achat
» des provisions procure une rencontre aussi fa-
» cile qu'agréable. Les progrès des élèves sont si
» rapides, qu'elles dépassent souvent en fort
» peu de temps et de beaucoup leurs institutri-
» ces quelqu'habiles qu'elles soient. »

On voit tous les jours des cuisinières assez impudentes pour dire : « Si je ne fais pas le mar-
» ché, je n'entrerai pas à votre service. »

Une maîtresse faisait peser chez elle la viande que lui rapportait sa domestique. Que fit celle-ci? Elle se procura des balles et des lames de plomb qu'elle cachait fort adroitement dans la viande.

L'exercice journalier du vol en fait une habitude impérieuse.

Dans le crime il suffit qu'une fois l'on débute.
Une chute toujours entraîne une autre chute.

Combien d'illustres scélérats ont porté leur tête sur l'échafaud ou fini leurs jours dans un bagne, qui ont commencé leur carrière par voler l'objet de la plus mince valeur ! Quelle immoralité parmi les domestiques de Paris !

Pour s'en convaincre, qu'on lise *La Gazette des Tribunaux*. On sera vraiment effrayé en voyant cette quantité considérable de vols et même d'assassinats commis par les domestiques. On sera aussi fort étonné de la légèreté et de l'imprévoyance avec laquelle on admet dans l'intérieur de la famille tant d'êtres si profondément corrompus. D'ailleurs, comment se les procure-t-on quand on en a besoin ? On s'adresse ordinairement aux bureaux de placements ou aux marchands voisins (1). Quels renseignements *certains* peuvent-ils vous donner ?

Dans une ville où les habitants d'une maison n'ont souvent pas fait connaissance, après vingt ans de séjour, est-on sûr de la probité de ces marchands ? Ne s'entendaient-ils pas avec le domestique qu'ils vous proposent pour tromper et voler le maître qu'il vient de quitter ? Malheureusement, par besoin urgent, on est souvent

(1) Ce serait en vain que vous en demanderiez à vos amis de Paris : ils éprouvent la plupart du temps la même pénurie que vous.

obligé d'accepter *cette monnaie courante*, qui est presque toujours de la fausse monnaie, bien courante, car il est très rare qu'une domestique reste un an dans la même maison. J'ai vu pleurer une dame qui, après plusieurs épreuves et changements successifs, s'écriait : « Je suis bien malheureuse, je ne puis me procurer une domestique un peu convenable ! »

Ici on aurait bien plus de ressource pour se procurer de bons domestiques, parce que dans le plus grand nombre de sociétaires il s'en trouvera plusieurs qui auront des relations dans les départements éloignés, et qui pourront ainsi procurer des sujets d'une moralité bien établie, car tout le monde se connaît en province, et lorsqu'on en chasse les mauvais sujets, c'est à Paris qu'ils viennent se réfugier et se faire oublier.

Le service sera tellement organisé qu'on ne sera pas obligé de remplacer tout de suite le sujet manquant. Dans le ménage isolé, il faut du jour au lendemain prendre ce qu'on trouve.

Il y a tel domestique qui ne volerait pas de l'argent, mais qui vole du vin, et cédant peu à peu à ses penchants, finit par devenir un véritable ivrogne. Ici le vol est impossible, parce que les domestiques n'ont pas la clef de la cave ou du buffet. Tous les huit jours on distribue à chaque sociétaire la quantité de bouteilles de vin qu'il désire, et qu'il renferme soigneusement dans son armoire. Cette distribution se fera sous l'inspection d'un sociétaire, à tour de rôle, c'est-à-dire qu'il ne sera inspecteur que tous les quatre ans, et cette corvée ne sera pas longue par la quantité de domestiques qu'il pourra employer à ce travail. On pourrait n'exercer cette surveillance que sur les vins fins, ceux de dessert, et abandonner le reste aux soins d'un sommelier digne de confiance ; lors même qu'il abuserait de cette confiance, et qu'outre la ration journalière qui lui est attribuée, il boirait deux bouteilles de vin par jour, cela ne fait que sept cent trente par an ; mais si vous avez deux cents domestiques, et que chacun ne vous en vole que dix par an, il en reste encore mille deux cent soixante-dix de bénéfice.

Mais, me dira-t-on, sans être voleur ou ivrogne, on peut être immoral sous d'autres rapports. Je sais que l'impulsion qui porte un sexe vers l'autre est si naturelle, si puissante, si impérieuse même, que j'ignore en conscience comment on pourrait s'y prendre, je ne dirai pas pour la détruire, ce qui est impossible, mais pour la modérer. J'ai lu avec attention la longue et bien éloquente lettre de Saint-Preux à milord Edouard, dans la *Nouvelle Héloïse*, sur la manière dont madame de Wolmar s'y prend pour établir l'ordre dans sa maison, et conserver la pureté de mœurs parmi ses domestiques. Je vois que ce n'est que par une surveillance extrême et de tous les instants qu'elle y parvient, et cependant c'était en Suisse, il y a près d'un siècle ! Madame la comtesse va jusqu'à danser le dimanche avec ses laquais, ne voulant pas les perdre de vue un seul instant. On voit que Jean-Jacques était aussi embarrassé que moi.

Si je compare encore sous ce rapport notre maison avec le ménage isolé, je crois que l'avantage sera de notre côté. Le célibataire ne couchera pas dans la chambre voisine de celle de sa cuisinière. A Paris, il n'est pas rare de voir la domestique coucher dans les mansardes lorsque ses maîtres habitent les étages inférieurs. Sa chambre est placée à côté de celle d'un jeune commis du marchand qui occupe le rez-de-chaussée ou du valet de chambre de l'homme riche qui occupe le premier étage. Dans notre maison, chaque sexe occupe un quartier différent.

Ici la domestique est attachée au groupe et non à l'individu ; elle est par conséquent moins soumise à l'influence personnelle ; elle sent aussi moins le poids de la servitude, ce qui donne un peu plus de ressort à son âme ; car c'est l'esclavage qui fait les vices de l'esclave.

Je crois qu'il sera possible d'établir un tel mode de domesticité et de tels rapports entre les maîtres et les valets, que ceux-ci ne seront plus les ennemis des premiers, comme cela a lieu le plus ordinairement. Je conçois plusieurs moyens, ceux entre autres de ne jamais les avilir. Il faudra, au contraire, les regarder comme des amis utiles, dont on emprunte les bras, et leur prouver qu'on prend un vif intérêt à leur bien-être en les faisant soigner quand ils sont malades, en augmentant d'années en années leurs gages, dont on leur ferait mettre une bonne partie à la caisse de prévoyance, dans le but de leur garantir, après vingt ans de bons services, une retraite dans l'établissement.

Un jour je vais voir madame Quatremère, femme riche et de bonnes manières. Je la trouve dînant avec sa domestique. « Ne soyez point étonné de ce que vous voyez, me dit-elle, il y a cinquante-six ans que nous sommes ensemble. »

La participation plus ou moins directe des associés aux travaux de ménage, dans les divers objets de leur goût, établira des rapports tels entre les maîtres et les domestiques, que la moralité de ceux-ci augmentera, et que la bouche ne dira pas je vous suis dévoué et affectionné pendant que le cœur pensera je vous déteste. Louis XVI faisant des serrures, l'empereur d'Autriche faisant de la cire à cacheter, n'avaient point pour ennemis les serruriers et les ciriers avec lesquels ils travaillaient.

Dans le ménage isolé, un maître veille sur un ou plusieurs domestiques ; ici il y a dix surveillants pour un surveillé. Voilà bien des yeux pour voir, bien des oreilles pour entendre. Ce sera presque la maison de verre du sage qui ne craint pas qu'on voie toutes ses actions.

Dans le ménage isolé, qu'une domestique devienne enceinte, si elle connaît la bonté et l'humanité de ses maîtres, elle peut espérer qu'ils ne la renverront pas, et qu'ils en auront pitié. Ici elle sent bien qu'aussitôt que sa grossesse sera visible il faudra qu'elle soit renvoyée à cause de l'exemple. Elle aurait, d'ailleurs, trop à rougir devant tant et tant de personnes, et lors même qu'il existerait en France, comme il existe en

Suède, une loi qui défendrait au maître de renvoyer une domestique enceinte, elle se verrait dans la nécessité de demander elle-même son congé. Elle se trouvera d'autant plus punie qu'elle n'a pas l'espérance de retrouver une condition aussi agréable et aussi lucrative; car, indépendamment des gages et des primes, il y aura les cadeaux d'étrennes et d'habillements qui seront considérables; lors même que chaque associé ne donnerait pour étrennes que 5 francs, c'est 40 francs pour chacun des domestiques. J'ai dit aussi agréable, car si on compare les travaux solitaires qui se font dans le ménage isolé aux travaux qui se font en commun, et dans une maison où règne tant de vie et tant de mouvement, on ne peut disconvenir que cette cuisinière se trouverait bien malheureuse si elle devait plus tard éprouver les ennuis de la solitude dans le petit ménage.

Dans le ménage isolé, ce qui facilite beaucoup le libertinage, ce sont les fréquentes sorties de la domestique pour les achats ou les commissions. Ici point de sorties; elles seront du moins très rares. Les domestiques qu'on aura fait venir de la province n'ayant point de connaissances à

Paris, n'auront pas de motifs pour solliciter souvent cette faveur.

A Paris, les maisons si grandes sont de petites républiques. Les maîtres y habitent pendant vingt ans sans se connaître. Au bout de huit jours tous les domestiques ont fait connaissance dans la loge du portier. C'est là où les débutantes vont faire leur éducation. Brazier, le spiriruel auteur des *Cuisinières*, a pris la nature sur le fait, quand il fait dire par une vieille domestique à une novice qui profitait de l'absence de sa maîtresse pour venir se réjouir avec ses camarades : « Rallume donc ta chandelle que tu viens d'éteindre, autrement ta maitresse s'apercevra que tu n'as pas travaillé pendant son absence. »

J'ai dit plus haut, que dans cette grande association il y aura d'habiles chimistes qui, par leur science analytique, découvriront de suite les poisons dont certains marchands sophistiquent leurs denrées. Il serait bien important d'avoir une science qui vous ferait découvrir d'autres poisons plus dangereux habilement cachés par la ruse et la dissimulation ; ils ne se décèlent que par les maux affreux qu'ils occasionent, et lorsqu'il n'est plus temps d'y remédier. On pourrait les appeler poisons moraux par opposition aux poisons physiques dont je viens de parler, si toutefois ces deux mots ne hurlaient pas de se trouver ensemble. Eh bien ! cette science existe; on la nomme phrénologie. Ceux qui douteront de ses moyens et de sa puissance ne la connaissent pas, ou ne la connaissent qu'imparfaitement. Je pourrais citer ici des milliers de faits à l'appui de mes assertions; j'en citerai seulement deux.

Le docteur Voisin, muni d'une permission donnée par le ministre de la marine, se présente dans un de nos bagnes, celui de Toulon, et demande au directeur : Combien avez-vous de condamnés? — Quatre cents. — Combien de personnes pour viol? — Vingt-deux. — Je vais vous les désigner, dit M. Voisin. Il fait un premier choix de cinquante, dans lequel se trouvaient tous les vingt-deux; et dans le second choix qu'il fit, il en retrouva quatorze; quant aux huit autres, ils n'avaient pas été condamnés pour viol; mais le directeur du bagne lui dit qu'ils étaient très mal notés pour les mœurs, et qu'ils étaient sous ce rapport l'objet de la plus grande surveillance.

Saint-Clair, assassin des jeunes époux, dans la vallée de Montmorency, près Paris, n'a été pris que bien long-temps après dans le Dauphiné. C'est à la phrénologie qu'on doit l'arrestation de ce scélérat, qui voyageait avec de faux papiers. A la table d'hôte où il mangeait, à Valence, se trouvait un médecin qui causait phrénologie, ce qui donna aux convives le désir de se faire examiner la tête. Quand le tour de Saint-Clair arriva, non-seulement il s'y refusa, mais dit des choses désagréables au docteur qui, examinant attentivement sa tête (1), lui dit d'un ton imposant : Vous avez raison de vous refuser à ce qu'on vous tâte la tête, car vous avez très fortement prononcés et protubérants les organes qui prédisposent et donnent l'impulsion au vol et à l'assassinat. Saint-Clair fut tellement terrifié de ces paroles qu'il pâlit, et eut une crise nerveuse qui mit la police du lieu en éveil, et qui, examinant ses papiers avec plus de soin, vit qu'ils étaient faux. Ces faits sont authentiques, et ont été répétés par tous les journaux scientifiques du temps. Cet homme, que j'ai visité dans son cachot à Versailles, et dont j'ai eu la tête pour la

(1) Quand les organes cérébraux ont un grand développement partiel, il n'est pas nécessaire de tâter la tête pour donner le diagnostic.

société phrénologique de Paris, m'a confirmé tous ces détails.

Il y a des gens qui sont bien malheureusement nés. Lorsque, dans un but philosophique, je visitais les maisons de détention, M. Valot, directeur de la maison de Melun, me conduisant dans les cachots, me disait : « Les punitions » tombent presque toujours sur les mêmes. Voilà » des gens qui me disent : Vous pouvez me pu- » nir tant que vous voudrez, mais je ne puis » m'empêcher de voler. » (1)

Dans la maison de détention de Beaulieu, près de Caen, j'ai fait observer à M. Dinaumarc, inspecteur de cette prison, quelle grande dépression se trouvait sur la tête des infanticides dans la partie occipitale à laquelle la nature a attaché la philogéniture (amour des enfants). Cette dépression était énorme sur la tête d'une femme condamnée à vingt ans de détention pour récidive.

Comme aujourd'hui la phrénologie est très étudiée, et surtout à Paris, dans notre grande réunion il se trouvera d'habiles phrénologues

(1) Spurzeim cite un moribond qui vola la montre de son confesseur.

qui, voyant dans la personne qui se présenterait pour être domestique que les instincts animaux l'emportent de beaucoup sur l'intelligence, et surtout sur les sentiments moraux, refuseront un pareil sujet. Quant à moi, je n'accepterai jamais pour serviteur celui chez lequel je verrai trop proéminent l'organe de l'acquisivité, si je n'y vois pas de plus forts contrepoids dans les organes de la consciencieuseté (amour de la justice), de la religiosité (vénération), de l'orgueil (estime de soi), car l'orgueil peut empêcher de voler. Je suis persuadé que tout ce qu'on a dit sur le libre arbitre, sur la liberté morale, n'est qu'un effet de statique, équilibre de forces. C'est du fatalisme, dira-t-on. On dira ce qu'on voudra, il est *certain* qu'on voit les penchants augmenter ou diminuer en raison du plus ou moins de développement de certains organes cérébraux.

Qu'on vienne dans nos musées phrénologiques (1), qu'on examine les bustes des grands

(1) On peut visiter celui de la rue de Seine-Saint-Germain, n. 37. Madame Dumoutier, à qui il appartient, dans l'absence de son mari, qui fait, au compte du gouvernement, et comme phrénologue, le voyage

coupables : des Lacenaire, des Choffron, des Madelaine Albert, des Lecouffe, de Soufflard, l'assassin de la femme Renaud, et de tant d'autres dont l'énumération serait ici trop longue, et qu'on mette ces bustes à côté de ceux de M. Charpentier, curé de Saint-Etienne, qui fut si bon et si bienfaisant ; du nègre Eustache, qui s'est dévoué pour sauver tant d'Européens dans le désastre de Saint-Domingue ou du portrait de saint Vincent de Paul ; qu'on mette les bustes d'un idiot et d'un imbécille à côté des bustes d'un Voltaire, d'un Franklin, d'un Gall, d'un Foy, d'un Fox, et l'on verra si l'on peut nier la puissance de l'organisation. Une pareille démonstration répond victorieusement à toutes les arguties du métaphysicien.

De là se prouve donc l'avantage ou plutôt la nécessité d'une bonne éducation, qui vient fortifier par l'exercice les penchants qui s'utilisent aujourd'hui au bonheur social, et empêchant

autour du monde avec Dumont-Durville, en fait bénévolement la démonstration avec autant d'intelligence que de savoir.

On pourrait aussi voir au Jardin-des-Plantes, cabinet d'anatomie comparée, la collection du docteur Gall achetée par le gouvernement.

les autres de s'exercer, les affaiblit ou les atrophie (1).

En disant ici que les connaissances en phrénologie peuvent être utiles en civilisation pour savoir choisir le bon grain et en éliminer l'ivraie, je m'appuie de l'autorité du célèbre docteur Broussais :

« Pour bien des personnes dans le monde,
» le but unique de la phrénologie est la con-
» naissance de la partie intellectuelle, des ca-
» ractères, des penchants, de toutes les impul-
» sions qui nous font agir dans nos rapports
» avec nos semblables. Les hommes se connais-
» sent à l'œuvre, ne cessent-ils de répéter, et
» la certitude qu'on obtient par cette voie est
» beaucoup plus positive que celle des bosses.
» C'est une erreur. Il ne peut sortir d'une
» tête que ce qui s'y trouve, et vous vous faites

(1) J'observe qu'il est ici question de l'état de civilisation dans lequel nous vivons, et non de la société harmonienne proposée par Fourier, dans laquelle il ne sera pas nécessaire de mutiler l'homme, parce que chaque faculté, chaque penchant y reçoit satisfaction sans que l'ordre puisse être troublé. Je renvoie à la fin du livre le développement et la preuve de cette proposition.

» illusion en espérant de certains coupables une
» correction dont ils ne sont pas susceptibles.
» La dissimulation, l'hypocrisie, la passion de
» posséder, ne sont pas écrites sur les traits de
» la physionomie, *mais elles sont empreintes*
» *sur le crâne, et c'est là que la conviction, la*
» *conviction acquise par l'observation, peut les*
» *faire découvrir.*

» Vous qui avez de grands intérêts à faire
» diriger, vous jugez de la capacité d'un sujet
» par de belles paroles, par des plans admi-
» rables, par un écrit plein de profondeur.
» Vous vous trompez, ce n'est point un homme
» d'action. Malgré sa grande vitalité, elle s'éva-
» pore en mouvements inutiles, et il sera trop
» tard d'en juger lorsqu'un tel homme aura
» compromis, par son inertie morale ou ses
» distractions, votre fortune, et peut-être aussi
» votre avenir.

» L'activité morale et bien constatée qui vous
» séduit chez cet autre est toute pour le mal,
» quand ses discours sont pour le bien; mais il
» a le pouvoir de se dissimuler jusqu'au mo-
» ment de l'exécution, et quand vous le saurez
» il ne sera plus temps de l'apprendre, votre
» bonheur intérieur sera détruit pour jamais;

» le sort de votre famille sera compromis. Vous » serez perdu : car il est des passés dont les » traces ne s'effacent point, des malheurs dont » la réparation n'est pas possible. Encore une » fois, les visages et les paroles de ces hommes » vous ont trompé. Vous les avez jugés d'après » vos sentiments ; *vous n'auriez pas commis* » *cette faute si vous aviez su lire sur leur crâne.* » Une foule d'actes, de mots échappés, que » vous retrouvez aujourd'hui dans vos souve- » nirs, et que vous vous étonnez de n'avoir pas » su comprendre, vous auraient révélé le cœur » de votre perfide mandataire, parce qu'ils se » seraient trouvés d'accord avec l'organisation » de son cerveau. Vous l'auriez surveillé, vous » l'auriez mis à l'épreuve, et votre conviction » sur sa profonde perversité aurait été formée » assez tôt pour prévenir le malheur dont vous » vous trouvez la victime.

» Savez-vous, gens du monde, classes opu- » lentes, à qui vous allez confier l'éducation » physique et morale de vos enfants, si vous ne » vous rendez un fidèle compte de la valeur de » certaines saillies prédominantes qui se pré- » sentent sur les parties latérales et postérieures

» de la tête, chez leurs gouverneurs et même » leurs domestiques de tous genres, etc. » (1)

Le grand Racine, qui avait tant étudié le cœur de l'homme, et qui en a peint les faiblesses et les crimes dans des vers si harmonieux, sachant combien il est difficile, pour ne pas dire impossible, de connaître et d'explorer tous ses plis et replis; tant la dissimulation met d'habileté à les cacher, sentait vivement quelle serait l'utilité de la science dont il est ici question.

Et ne devrait-on pas, à des signes certains,
Reconnaître le cœur des perfides humains.

Honneur au docteur Gall, honneur à l'homme de génie qui le premier a trouvé ces signes certains. Tout occupés que nous sommes de nos débats politiques, nous étudions peu en France les hautes questions de philosophie et d'organisation sociale; aussi, depuis un demi-siècle, on a beaucoup démoli. Qu'a-t-on créé de stable et de durable? On a fait quarante à cinquante mille lois qui sont un dédale et un arsenal où chaque parti va alternativement chercher ses armes.

(1) Journal *la Phrénologie*, n. 1, 2e année.

Quant à moi, soit pour payer mon tribut à l'amitié (car je vivais dans l'intimité avec ce docteur, qui, dans la vie privée, était si bon, si aimable), soit pour rendre à mon pays un service éminent, j'ai fondé et organisé les deux premières sociétés phrénologiques de France, celle de Paris et celle des Côtes-du-Nord (1), qui ont pour principal but de continuer les travaux commencés et de propager une science dont les applications peuvent être si utiles à l'éducation, à la médecine, et surtout à la législation.

J'ai donné quelqu'étendue à cet article sur les domestiques, parce que je suis persuadé qu'au nombre des considérations qui engageront plusieurs personnes à faire partie de la réunion que je propose, l'avantage d'être bien servi, sans être tenu à cette surveillance de tous les instants, sans la crainte de livrer sa vie et sa fortune à la cupidité et à l'immoralité de gens

(1) Il s'en est formé d'autres depuis ; mais nous sommes encore loin de l'Angleterre, où l'on en comptait déjà quarante-deux lorsque notre gouvernement y a fait faire, en 1834, une enquête sur l'état de cette science.

qu'on connaît à peine, sera un des motifs les plus déterminants. Je vais finir par une anecdote plaisante extraite de la *Gazette des Tribunaux* du 11 novembre 1837.

M. D***, ancien militaire, avait pris avec lui une gouvernante qui profita bientôt de l'ascendant qu'elle avait sur lui pour s'installer en dame et maîtresse dans le logis du vieux guerrier. Celui-ci, qui, après avoir beaucoup aimé le bruit et la guerre, ne demandait maintenant qu'à vivre en paix, se soumettait assez docilement aux volontés de sa madame Evrard. Enfin, les choses en vinrent au point que M. D*** sentit sa patience à bout, et signifia à la dame de déguerpir immédiatement. Celle-ci, dame forte et vigoureuse, déclare qu'elle n'en fera rien, et qu'on ne l'enlèvera que par force. M. D*** veut insister, mais bientôt la rude main de son adversaire vient lui apprendre qu'il n'était plus au temps de ses anciens exploits. Force fut alors à M. D*** d'aller requérir l'assistance de M. Gouget (1), commissaire de police. Pendant son absence, la gouvernante, sans doute pour se donner du courage, avait avalé

(1) Voyez à la fin du volume.

une demi-bouteille d'eau-de-vie. Lorsque M. le commissaire de police arriva, on la trouva dans un état complet d'ivresse, et hors d'état d'obéir aux sommations. Il fallut l'emporter. Deux soldats purent à peine la soulever; mais lorsqu'ils arrivèrent dans l'escalier, qui est fort étroit, ils ne purent y passer avec leur pesant fardeau. L'un d'eux conçut alors l'idée de la hisser sur la rampe, en la maintenant par la tête et par les pieds, et, à l'aide de ce nouveau rail, on put arriver jusqu'en bas, à la grande satisfaction de M. D***, qui n'est pas encore trop rassuré sur les probabilités d'une violation de domicile.

Hygiène.

Non est vivere sed valere vita.

MARTIAL.

La vie, c'est la santé.

Examinons maintenant les avantages de la réunion proposée sous le rapport de la conservation ou du rétablissement de la santé, ce bien le plus précieux de tous, celui sans lequel on ne peut jouir d'aucun plaisir, éprouver aucunes jouissances, et dont on ne connaît toute la valeur que quand il est perdu.

Le vieillard est avare de ses écus, mais il doit bien plus ménager son reste de vie ; car il peut encore gagner des richesses, et il ne peut plus recouvrer les forces et la vigueur de la jeunesse. Puisque c'est une loi de la nature que le flambeau de la vie s'éteigne, on doit du moins désirer que ce ne soit point par le souffle impétueux de la tempête, mais tout doucement, sans secousses brusques, et seulement parce qu'il n'y a plus d'huile ; non parce que les rouages ont été brisés, mais parce que le ressort n'a plus de tension.

Parlons d'abord de la médecine prophylactique, la meilleure de toutes, celle qui tend à prévenir. C'est à l'observation des lois de l'hygiène que l'homme devra sa santé et sa longévité. Voyons quelles sont ces lois, et si notre association se trouvera dans la meilleure position pour pouvoir les suivre.

L'homme est modifié par tout ce qui l'environne, par l'air, par les aliments, par les eaux, par la lumière, par le calorique, par l'électricité, par l'état de son habitation, par ses relations sociales. Examinons rapidement chacune de ces causes.

Influence de l'air.

L'air est un des premiers aliments de la vie. Il est donc bien important que celui qu'on respire soit pur et salubre. Je propose d'établir la maison de réunion hors et près Paris, et particulièrement vers l'ouest, près la barrière de l'Etoile, parce que le vent souffle presque constamment de ce côté; on y recevra donc rarement le mauvais air de Paris, beaucoup moins dangereux ici que lorsqu'on le respire à l'autre extrémité de la capitale, parce que les vents d'est, qui sont rares, sont toujours secs et très souvent froids, ceux de l'ouest chauds et humides, ce qui est la condition la plus favorable à la décomposition des substances animales et végétales, et qu'en même temps cet air est le plus propre à se charger des émanations putrescentes qui en résultent.

La maison aura été construite de manière que l'air puisse facilement y circuler à volonté, et qu'on puisse le renouveler promptement.

La grandeur des chambres sera physiquement calculée pour la quantité d'air nécessaire à l'homme le plus fort et le plus vigoureux. Ce qui n'a pas toujours lieu à Paris où l'on achète quelquefois le terrain au pouce et à la ligne. Suivant le docteur Baudeloque, l'habitation prolongée dans des lieux petits et peu aérés est la cause la plus fréquente des scrofules, des phthisies et autres maladies de poitrine. Ce qu'il y a de certain, c'est qu'on se trouve bien de se promener au grand air quand on est enrhumé, et que tous les médecins le conseillent. Il faut que la chambre à coucher d'une personne contienne au moins mille deux cents pieds cubes d'air.

On ne respirera pas dans cette habitation le mauvais air que donnent une cour étroite, des plombs dans lesquels on jette de l'urine et des eaux de savon, des escaliers où se trouvent des latrines très odorantes, des écuries et des fumiers placés trop près des appartements.

A Paris, souvent le vieillard peu ingambe reste constamment dans sa chambre où son séjour prolongé vicie l'air. Ici il trouvera des jardins pour les beaux jours, et, pour promenades d'hiver, des galeries et de vastes couloirs bien chauffés, bien éclairés, ornés d'arbustes et de fleurs, plus heureux sous ce rapport que le Parisien même le plus opulent. Bonaparte, qui connaissait ce besoin pour Paris, avait demandé à ce sujet des plans à ses architectes. Ses revers ne lui ont pas permis de donner suite à ce projet.

J'ai indiqué la barrière de l'Etoile comme le lieu le plus favorable pour ce genre d'établissement. Ne l'envisageant ici que sous le rapport de la salubrité, je dirai que ce lieu étant éloigné de la rivière on n'y respirera point cet air froid et humide, ces brouillards épais qui donnent des maux de dents, des fluxions, des rhumatismes et des bronchites ou catarrhes, maladies si communes chez les vieillards.

La barrière de l'Etoile étant peu éloignée du bois de Boulogne, on profitera du premier soleil pour aller y respirer l'air plus abondant en *oxygène*, appelé avec raison *air vital*; le moindre vent d'ailleurs l'apportera à l'habitation. Je pourrais citer des milliers de personnes qui sont constamment malades ou indisposées pendant qu'elles habitent la grande ville, et qui recouvrent la santé et la gaîté aussitôt qu'elles habitent la campagne. J.-J. Rousseau recommandait avec raison, contre les peines morales, les bains d'air sur les hautes montagnes.

Influence des eaux.

La Seine donne de bonnes eaux; ce sera aussi

les seules qu'on boira ; elles seront passées dans des fontaines filtrantes, et, en été, assainies avec du charbon.

On peut aussi considérer l'eau sous le rapport de sa température. En été, lorsque les organes digestifs sont affaiblis par une grande chaleur, il peut être utile de boire à la glace. Comme on aura une glacière à la maison, cette jouissance utile sera fort peu coûteuse.

On peut aussi considérer les eaux comme étant employées extérieurement. On sait combien les lotions, et surtout les bains, sont utiles pour conserver la bonne santé. Il y a des personnes qui devraient vivre dans l'eau chaude, celles d'un tempérament sec et bilieux dont la peau a beaucoup de rigidité, les vieillards surtout. A Paris, la paresse de sortir de chez soi, la crainte de s'enrhumer l'hiver (car la peau attendrie reste quelque temps plus impressionnable), fait qu'on se prive d'un moyen hygiénique aussi puissant. Je sais qu'on transporte des bains à domicile ; mais il faut aller les commander d'avance. Il faut payer un bain 35 sous, ce qui est fort cher. On n'en prend pas ou très rarement. Les bains médicinaux sont surtout hors de prix et hors de toute proportion avec la valeur des ingrédiens qu'on y met. Dans la maison sociétaire, n'ayant que des couloirs échauffés à parcourir pour se rendre aux bains, on en prendra d'autant plus souvent qu'ils coûteront bon marché, moins de 5 sous, si même ils n'entrent dans les frais généraux.

Les simples lotions sont aussi utiles à la santé. Souvent un vieux garçon se néglige sous ce rapport, parce qu'il n'a personne à recevoir. Ici, vie de château, tolérance jusqu'au dîner; mais pour paraître à la table commune, il faudra être propre, avoir du linge blanc. Chacun sait que les soins de propreté sont éminemment utiles à la santé. Il répugnera d'autant moins à changer de linge que les frais de blanchissage seront compris dans les frais généraux.

Le blanchissage du linge étant organisé et surveillé par quelques savants sociétaires, on ne risquera pas de gagner des maladies de peau ou autres que donne quelquefois le linge blanchi par les procédés ordinaires. D'ailleurs, blanchi, pour ainsi dire, en famille, on sait avec quel linge il est mélangé, au lieu que dans les buanderies publiques on ne le sait pas. Ici on ne craindra pas de dépenser un peu plus de combustible pour placer en différents cuviers les linges, suivant le degré de saleté dans lequel on les livre au blanchissage.

Influence des aliments et des boissons fermentées.

Les aliments et les boissons ont une très grande influence sur la santé, influence qui est telle que le docteur Marie de Saint-Ursin écrivait, dans sa *Gazette de santé*, qu'abstraction faite des maladies aiguës, on pouvait guérir presque toutes les autres par le seul régime alimentaire. Le docteur la Baume est du même avis. « Je suis » persuadé, dit-il, que si nous donnions l'atten- » tion convenable à nos aliments et à notre bois- » son, ainsi qu'à leur préparation tant culinaire » que chimique, nous éviterions un grand nom- » bre de maladies, qui sont la suite d'une mau- » vaise digestion, et nous ne nous plaindrions » pas aussi souvent de nos organes digestifs que » nous le faisons par suite de la mauvaise qua- » lité de ce que nous mangeons et du mélange » délétère de ce que nous buvons. »

J'ai peu de choses à dire sur les avantages que le mode sociétaire proposé peut offrir sous ce rapport. Je dirai seulement qu'avec plus d'aisance on aura toujours des aliments de première qualité, et que dans le grand nombre des sociétaires, il s'en trouvera qui sauront faire ce choix d'une manière sûre, et découvrir les sophistications. Que de coliques, que de gastrites dont on ignore la cause, sont données par les altérations dont nous avons parlé !

D'habiles dégustateurs pourront indiquer les sophistications et la véritable valeur des vins. Le vin est bon pour la santé; il est, dit-on, le lait des vieillards. Plutarque dit avec raison, que le vin est la plus excellente des liqueurs, la médecine la plus agréable, et de toutes les choses qui flattent le goût, celle qui convient le mieux à l'estomac. Le médecin Sanctorius a confirmé cet éloge, et ne lui attribuait pas moins de vertu; mais il faut qu'il soit pur et non travaillé.

Dans les temps secs et chauds, lorsqu'il y a érétisme dans la fibre, la prudence conseille de manger des viandes blanches. On n'en sera pas privé comme chez certains maîtres de pension, qui préfèrent alors acheter des viandes noires, parce qu'elles sont à meilleur marché, et qui vous font aussi manger de la marée au beurre roussi avec force vinaigre, parce qu'on peut mieux en masquer l'état putride et alkalescent. Dans une pareille circonstance, quelques sociétaires auraient proposé de faire cuire cette marée avec du charbon, qui est le meilleur antiseptique connu, et l'auraient rendue saine et très agréable à manger. La vie régulière qu'on mènera dans cette réunion contribuera grandement à donner une santé florissante et une plus grande longévité. Le docteur Parent du Châtelet, dans un article sur l'hygiène, publié dans le *Dictionnaire de l'Industrie*, dit :

« Il est un point très important dans les règles » du régime pour tirer tout le parti possible de » la nourriture sous le rapport des forces et de » la santé ; il consiste à régler les aliments de » telle sorte qu'on les prenne toujours *aux mê-* » *mes heures* et dans les mêmes quantités. Exa- » minons sous ce rapport nos soldats dans leur ca- » sernement, et surtout les prisonniers, lorsqu'ils » sont convenablement traités. Ces classes d'in- » dividus engraissent sous l'influence d'un régime » qui ne leur suffirait pas s'ils le prenaient *tantôt à* » *une heure, tantôt à une autre*, et surtout s'ils le » prenaient par jour dans des quantités diffé- » rentes. Les invalides de l'hôtel, malgré les » fatigues et les blessures, vivent très vieux. »

L'habitude d'être plus réglé dans ses heures et dans son mode de nourriture est aussi probablement une des causes qui donne en général plus de longévité à l'homme marié qu'au célibataire. Il est certain que lorsqu'on vit chez le restaurateur, on est moins réglé pour l'heure de ses repas, sachant qu'on trouve toujours nappe mise et le dîner chaud, deux avantages dont on jouira dans la réunion sociétaire. Mais l'attrait qu'on éprouvera à manger en commun avec ses camarades sera cause qu'on fera quelques efforts pour être exact à l'heure ; dans le cas contraire, la portion de l'absent sera mise dans une étuve et tenue à sa disposition.

Influence du calorique et de la lumière.

Les vieillards ont le plus grand besoin de ces deux excitants de l'organisme. Les salles communes, les couloirs, les promenades d'hiver, seront abondamment chauffés (1) et brillamment illuminés par le gaz, celui de résine par préférence comme inodore et donnant une lumière plus blanche et plus intense. Ces dé-

(1) Comme on fera très en grand les provisions de combustible, on pourra ainsi se procurer à bien meilleur marché celui qu'on voudrait brûler isolément dans sa chambre.

penses, où l'on mettra du luxe, seront encore dix fois moindres pour chaque individu de cette société que si elles étaient faites isolément dans chaque ménage. Rien ne donne plus de tristesse et d'ennuis que des lieux froids et mal éclairés, et par conséquent ne réagit plus désagréablement sur la santé. On sait combien est funeste aux vieillards l'action du froid. La pneumonie (fluxion de poitrine) fait alors de nombreuses victimes (1). Une preuve bien convaincante de l'action salutaire que peut exercer un bon chauffage est ce qui s'est passé à la Salpétrière. L'administration ayant fait placer des poëles dans les dortoirs pendant l'hiver de 1838, la mortalité, qui avait été de 118 dans cette division, ne fut plus que de 74. Quelques médecins des États-Unis, étonnés de voir la mortalité beaucoup plus grande en hiver dans les hôpitaux de Paris que dans ceux du nord de l'Amérique, n'hésitent pas à l'attribuer au soin avec lequel on s'attache dans le Nouveau-Monde à maintenir la température des salles à un degré d'élévation propre à seconder les autres secours de l'art.

(1) On a commencé cette année à chauffer quelques églises à Paris, et l'on fait bien. Je m'abstiens de toute utre réflexion à cet égard.

Il n'y aura pas d'appartements humides. Les murs ne seront pas salpêtrés, parce qu'ils ne seront point en pierres calcaires, mais en briques, du moins dans tout ce qui est intérieur.

Des corridors, bien chauffés par des calorifères (1), feront qu'on ne passera pas rapidement d'une température à une autre très différente.

Influence de l'électricité.

On ne peut méconnaître l'influence du fluide électrique sur notre organisation. Lorsque l'air en est chargé, à l'approche de l'orage combien de personnes souffrent! combien sont malades! Mais ce qui fait du mal peut faire du bien. La plupart des poisons sont des remèdes : il en est ainsi de l'électricité. J'ai été témoin de plusieurs cures opérées par ce puissant agént. Le célèbre docteur Laennec m'a dit avoir rendu instantanément à la santé et à la vie, par une forte décharge de fluide galvanique, un ouvrier doreur que l'emploi du mercure dans ses travaux avait

(1) Les calorifères à eau chaude me paraissent préférables. J'ai vu avec le plus vif intérêt ceux importés d'Angleterre par M. Gaudillot, rue Bellefond, n. 32.

entièrement paralysé. Je connais un vieux général qui avait inutilement employé contre ses rhumatismes, dont il était perclu, toutes les ressources de la médecine, qui avait inutilement fréquenté les eaux minérales les plus renommées, et qui a été radicalement guéri par Girardin, qui savait si bien manier cet agent. Chez le docteur Andrieux, médecin des hôpitaux de Paris, qui s'occupe spécialement de cette partie de l'art médical, j'ai vu son portrait en grand fait par un très habile peintre qui a voulu lui témoigner sa reconnaissance en lui consacrant ses premiers travaux, depuis long-temps interrompus par une paralysie, et qui devait sa guérison à ce moyen.

Pourquoi n'emploie-t-on pas plus souvent encore cet agent, dont l'effet est si prompt et si salutaire? C'est qu'il y a peu de médecins qui possèdent ces machines électriques et appareils galvaniques, lesquels coûtent assez cher, et demandent un certain emplacement. Ils trouvent en général plus commode, après vous avoir tâté le pouls, de vous écrire une ordonnance pour le pharmacien.

Dans la maison projetée, on aura l'emplacement et les fonds nécessaires pour se procurer ces instruments, et aussi pour faire placer un paratonnerre sur l'édifice, à la grande satisfaction de plusieurs sociétaires ; car il y en a qui craignent tellement le tonnerre que la peur seule les rend malades.

En traitant de ces fluides impondérables qu'on ne connaît que par leurs effets, qu'il me soit permis de dire quelque chose d'un fluide qui a beaucoup d'analogie avec le fluide électrique : je veux parler du fluide vital, ou magnétisme.

Le magnétisme.

Le vrai peut quelquefois n'être pas vraisemblable.
Amicus Plato sed magis amica veritas.
Vitam impendere vero.
Rien n'est bon que le vrai, le vrai seul est durable.

J'avais été presque toute ma vie sceptique et moqueur au sujet du magnétisme. Je traitais les magnétiseurs de charlatans ; lorsque mon neveu, le docteur Leloutre, qui, pendant son internat à l'Hôtel-Dieu, avait été témoin des expériences de Robouam, me dit que j'étais dans l'erreur. Il me prêta le *Dictionnaire de médecine* (celui en 21 volumes, édition de 1825), je lus l'article Magnétisme par le docteur Rostan, professeur à l'Ecole de médecine.

« Nous nous proposons de dire ce que nous
» croyons la vérité, c'est-à-dire ce que nous ont
» appris nos sens, ce que nous avons vu et en-
» tendu. Nous ne prétendons imposer notre
» croyance à qui que ce soit. Nous n'exigeons
» pas qu'on nous croie : ce que nous allons
» écrire *est trop singulier*, *trop inouï!* mais
» *nous désirons qu'on examine.* »

C'est ainsi qu'il entre en matière. Il avait raison de dire qu'il allait annoncer des choses si extraordinaires qu'on ne peut les croire sans les avoir vues. Au nombre de ces faits curieux, en voici un bien étonnant. Il s'agit d'une expérience faite sur une somnambule.

« Je pris ma montre, que je plaçai à trois
» ou quatre pouces derrière l'occiput (derrière
» la tête); je demandai à la somnambule si elle
» voyait quelque chose. — Certainement je
» vois quelque chose qui brille; ça me fait mal.»
Sa physionomie exprimait la douleur. La nôtre devait exprimer l'étonnement. Nous nous regardâmes, et M. Ferrus, rompant le silence, me dit que, puisqu'elle voyait quelque chose briller, elle dirait sans doute ce que c'était. —

« Qu'est-ce que vous voyez briller? — Ah! je » ne sais pas, je ne puis vous le dire. — Regar» dez-le bien. — Attendez, cela me fatigue..... » Attendez. » (Et après un moment de grande attention) : « C'est une montre. » Nouveau sujet de surprise. « Mais si elle voit que c'est une » montre, me dit encore M. Ferrus, elle verra » sans doute l'heure qu'il est. — Oh! non, c'est » trop difficile. — Faites attention, cherchez » bien. — Attendez, je vais tâcher; je dirai » peut-être bien l'heure; mais je ne pourrai » jamais voir les minutes. » (Après avoir bien cherché) : « Il est huit heures moins dix minu» tes. » Ce qui était exact. M. Ferrus voulut répéter l'expérience lui-même. Il me fit tourner plusieurs fois l'aiguille de sa montre; nous la lui présentâmes sans l'avoir regardée : elle ne se trompa pas.

Quoique je connusse MM. Rostan et Ferrus, médecins des hôpitaux de Paris, membres de l'Académie de médecine, pour des hommes graves, des hommes de science, de conscience et d'une grande perspicacité, je ne me rendis pas complètement; mais, dès ce moment, je résolus de saisir toutes les occasions de m'éclairer. Je me liai avec le docteur Chapelain, qui était renommé par sa puissance magnétique. Je me plaçai dans des positions où l'on ne pouvait me tromper ; il m'a rendu témoin de faits tout aussi extraordinaires que ceux rapportés ci-dessus.

C'est lui qui, par l'action du magnétisme, avait rendu madame Plantain insensible, lorsque Jules Cloquet, professeur à l'Ecole de médecine, lui coupa le sein, pour un cancer, sans qu'elle donnât le moindre signe de douleur. C'est un fait qui a été rapporté à l'Académie de médecine, et qui a fait beaucoup de bruit dans le monde savant. Quelque temps après, Chapelain écrivit à l'administration des hôpitaux pour demander qu'on lui permît de magnétiser des personnes destinées à subir des opérations très douloureuses, espérant qu'il aurait assez de puissance pour obtenir l'insensibilité chez le plus grand nombre de ces malades. On reçut d'abord sa demande avec reconnaissance ; mais bientôt les gens qui ont intérêt à cacher la lumière sous le boisseau, intriguèrent, et on récrivit qu'il n'était pas permis de faire des expériences dans les hôpitaux, comme si on n'en faisait pas tous les jours, et qui malheureusement ne sont pas sans danger, comme celles proposées par ce docteur.

Si je n'avais pas vu les lettres, j'aurais de la peine à le croire.

Je crois que j'aurais encore résisté si je ne m'étais décidé à opérer moi-même. J'ai beaucoup magnétisé, et j'ai eu le bonheur de faire des somnambules d'une rare lucidité, qui voyaient dans le temps et dans l'espace, ce que les Ecossais appellent la seconde vue. Je ne parlerai pas des nombreuses guérisons que j'ai obtenues, soit directement par le magnétisme, soit indirectement par mes somnambules ; mais j'affirme hautement que le magnétisme n'est point une chimère.

Voyons maintenant quel rapport il peut y avoir entre ce mode de traitement et l'association que je propose.

Notre état social est si mal organisé, que l'intérêt particulier est toujours en opposition et en combat avec l'intérêt général ; il met perpétuellement l'homme aux prises avec sa conscience, et, comme avant tout, il faut vivre, *prius est vivere*, les médecins s'opposeront tant qu'ils le pourront à l'emploi d'un moyen si simple, quelquefois si prompt, et presque toujours d'une merveilleuse efficacité. Il y a dans Paris quinze cent dix médecins, il n'y en a pas cent qui jouissent d'une très grande aisance (c'est un état si mal rétribué), et il y en a cinq cents qui sont dans l'état le plus précaire. Ils sont d'autant plus malheureux, qu'ils sont obligés d'afficher l'aisance : avant d'avoir reçu leur diplôme ils ont déjà dépensé tant d'argent dans des études longues, pénibles, et qui ne sont pas sans danger, puisqu'elles se font par la dissection des cadavres où la plus légère blessure peut être mortelle, et au milieu des hôpitaux où il existe toujours tant de maladies épidémiques et contagieuses. Cependant ce sont presque tous des hommes de mérite, dont j'ai toujours recherché la société. C'est la classe où j'ai trouvé le plus de véritable philantropie, le plus de connaissances positives et le plus de philosophie dans l'esprit; ce sont les plus avancés parmi les avancés. Dans une association, les médecins peuvent être payés en raison de la conservation de la santé; et dans la nôtre, où ils seront payés à l'année, ils n'auront pas intérêt à prolonger la maladie ou à ne pas employer les meilleurs moyens curatifs.

Un homme au coup-d'œil d'aigle, un homme qui (je le crois) possédait aussi la seconde vue(1),

(1) Dès 1808, dans sa *Théorie des quatre mouvements*

Charles Fourier, dans son *Nouveau Monde industriel*, après avoir trouvé par son système des analogies dans le sommeil somnambulique et dans la lucidité des somnambules les plus fortes preuves de l'immortalité de l'âme; après avoir dit qu'on n'avait pas jusqu'à ce moment su utiliser, de la manière la plus heureuse, un agent qui ne pouvait d'ailleurs recevoir toute sa perfection que dans les phalanstères, s'exprime ainsi :

« Le magnétisme, quoique moyen très certain, et qui sera généralement employé en » harmonie, ne peut pas faire de progrès en civilisation. Il est trop entravé par des vices ma- » tériels inhérents à cette société..... Mais il sera » en grande vogue, en grande utilité dans l'har-

traitant des quatre phases de la civilisation, il dit que, parvenue à son apogée marquée par le déboisement et les emprunts fiscaux, elle entrait dans son déclin, ou troisième phase, dont le caractère est l'esprit mercantile et fiscal, les compagnies actionnaires, pour passer ensuite à sa caducité, ou quatrième phase, dont le pivot est la féodalité industrielle et financière, et le ton les illusions en associations. N'est-ce pas là de la prescience? Peut-on mieux prédire l'avenir à trente ans d'intervalle?

» monie. A cette époque, les médecins seront » trop riches pour s'alarmer, comme à présent, » de la découverte des remèdes. Leur bénéfice » alors s'établira en raison de la santé générale; » ils n'auront plus à redouter, mais à désirer » l'invention d'antidotes efficaces dont s'effraie » la cupidité civilisée. »

Revenons à notre association. Comme la plupart des sociétaires seront des vieillards, voici des conseils utiles que je leur adresse : ne magnétisez pas, ou faites-le avec beaucoup de modération; en magnétisant, on donne une partie de ce fluide vital, qui est plutôt en moins qu'en plus chez les personnes d'un âge avancé. J'ai été victime de mon zèle à cet égard; c'est pourquoi j'en ai abandonné tout-à-fait l'exercice.

Mais si vous trouvez une personne dans la vigueur de l'âge, jouissant d'une bonne santé, d'*une moralité reconnue* et d'une grande bienveillance, priez-la de vous magnétiser; soit que vous cherchiez à recouvrer des forces qui vous abandonnent, soit que vous cherchiez le moyen de guérir une foule de maladies chroniques, qui font souvent le désespoir des malades, vous pourrez en obtenir les plus heureux résultats.

Le célèbre Pigault Lebrun, qui est mort ayant

quatre-vingt et quelques années, écrivait aux rédacteurs de l'*Hermès magnétique*, que c'était au magnétisme qu'il devait le recouvrement de ses forces et sa longévité ; il l'appelait sa *fontaine de Jouvence.*

Le duc de Grammont, capitaine des gardes, avait, en 1830, par l'emploi du même moyen, recouvré un si grand surcroît de forces, que Charles X, tout étonné de le voir suivre sans fatigue toutes ses chasses, lui demanda la cause d'un si grand changement ; et si le duc de Grammont a dit la vérité au docteur qui le magnétisait, Charles X devait aussi en faire l'essai. Quant au docteur, il suffit de dire que c'était Chapelain, pour n'avoir aucun doute de sa véracité ; c'est un franc et loyal Breton incapable de mensonge et de charlatanerie. Pour les maladies qu'on peut guérir par le magnétisme, je dirai que je l'ai vu réussir pour la guérison de presque toutes les maladies chroniques, et quelquefois d'une manière très prompte et très miraculeuse ; en faisant observer que les plus belles cures ont été opérées souvent sans le sommeil du malade.

Je vais dire quelques mots du somnambulisme et de la lucidité des somnambules. On n'a donné jusqu'ici aucune explication satisfaisante de ces phénomènes, quoiqu'il en ait été présenté de fort ingénieuses, celles, entr'autres, de messieurs Azaïs, du célèbre avocat Bergasse, de Montravel, des docteurs Léonard et Rostan, mais surtout celle proposée par M. Chardel, juge au tribunal de cassation, dans son Essai de Psycologie physiologique. (C'est un ouvrage fort intéressant surtout par les faits curieux qu'il renferme, car ce magistrat a beaucoup magnétisé.)

On ne peut connaître les causes premières, mais on connaît les faits. Ils sont si nombreux, ils ont été observés par tant de gens respectables, que vouloir les nier, c'est s'attirer le ridicule qu'on cherche à déverser sur les autres. Le docteur Bouillaud, qui a fait faire de grands pas à la science, et qui a publié dans le Dictionnaire de Médecine et de Chirurgie (1835) d'excellents articles sur les maladies du cœur, sur celles du poumon, notamment la pneumonie, sur les fièvres, maladies qu'il connaissait si bien et qu'il avait tant étudiées, a voulu écrire sur le magnétisme qu'il ne connaissait pas du tout. Qu'en est-il résulté? c'est que son article est détestable, c'est le physicien Newton commentant l'Apocalypse. Je ne crois point ce que vous annoncez être vrai, dit-il à plusieurs de ses confrères de l'Académie de Médecine qui avaient écrit sur cette matière ; donc cela n'est pas vrai. Voilà sa logique ; et au lieu de traiter son sujet d'une manière grave, comme cela devait être, en répondant à des hommes tels que messieurs Husson, Marc, Rostan, Ferrus, Georget, Bourdois, Guersent, Thillaye, Guenaut de Mussi, Itard, Fouquet, Jules Cloquet, qui jouissent d'une réputation européenne, et qui s'étaient déclarés partisans du magnétisme, son article n'est qu'un long persifflage. C'est une débauche et un travers d'esprit ; car il faut que les plus grands hommes payent aussi leur tribut à l'humanité. Je me suis alors écrié avec Boileau :

> Dans ce sac ridicule où Scapin s'enveloppe,
> Je ne reconnais plus l'auteur du *Misanthrope*.

Long-temps avant de publier cet article, il me demandait à être témoin de quelques expériences. Voici ce que je lui répondis : Le premier pas vers la science est le doute. Cherchez et vous trouverez ; expérimentez vous-même, et vous plaçant dans les conditions voulues et exigées par les maîtres (1), vous ne tarderez pas à

(1) Les meilleurs qu'on puisse consulter sont le *Ma-*

produire ces phénomènes contre lesquels vous vous prononcez d'avance, assignant comme limite du possible ce que vous croyez ou ne croyez pas. C'est une bien mauvaise manière de raisonner. Il y a soixante ans, qui croyait qu'un savant (Gay-Lussac) pourrait s'élever dans l'air jusqu'à la hauteur de 7,000 mètres? qui croyait aux aërolithes (pierres tombées du ciel)?

Et aujourd'hui, quelqu'un qui ne connaîtrait pas la puissance et le mode d'action du fluide électrique, croirait-il qu'un souverain pourrait dans une minute, et même la nuit, communiquer ses ordres à l'extrémité de son empire, et dans une minute en recevoir la réponse, lors même qu'il y aurait deux cents lieues de distance? Les télégraphes électriques que le roi de Bavière établit en ce moment en donnent cependant la possibilité.

Voici ce qu'une longue expérience du magnétisme m'a appris sur le somnambulisme. Il y a

nuel pratique du magnétisme, par M. Deleuze. Se vend chez Dentu, galerie vitrée, au Palais-Royal; et le rapport fait par la commission nommée par l'Académie de médecine, recueilli et publié par le docteur Foissac. Se vend chez Baillière aîné, rue de l'École-de-Médecine.

des somnambules qui possèdent une lucidité admirable, qui reconnaissent très bien la cause de leurs maladies ou des maladies qui affectent les personnes pour lesquelles elles sont consultées, ce qui peut être utile au médecin dans quelques cas douteux. Non-seulement elles connaissent la canse et le siége de la maladie, mais elles indiquent le remède qui les guérit souvent très promptement; presque toujours c'est un remède fort simple : voilà pourquoi quelques personnes ne croient point à leur thérapeutique; mais on ne raisonne pas contre les faits. La médecine qui guérit, comme le dit Jean-Jacques, est la meilleure de toutes.

Voici ce que m'écrivait, en date du 12 octobre 1837, le président du conseil général du département des Côtes-du-Nord.

« J'avais compassion d'une malheureuse en-
» fant, charbonnière dans mes bois. Elle avait
» de fréquentes attaques d'épilepsie et était ex-
» posée à périr; car ses parents pour lesquels
» elle était à charge, n'en prenaient aucun soin.
» Ils en étaient réduits à désirer sa mort. J'ap-
» pris de notre député Sauveur La Chapelle
» que les épileptiques étaient très faciles à ma-
» gnétiser. Le désir d'être utile à cette malheu-

» reuse, et un peu de curiosité, m'engagèrent » à essayer. Je fis ce que je vous avais vu faire » chez Duclezieux (le receveur général); en » cinq minutes elle dormit, et parla. *Elle in-» diqua un remède très simple* qu'elle affirmait » devoir la guérir. Je le fis. Les attaques ces-» sèrent, et n'ont pas reparu depuis.

» Ainsi mon but est rempli : j'ai rendu ser-» vice à cet enfant, et *j'ai vu que le magné-» tisme n'était pas une chimère.* »

Ce monsieur, que j'ai eu occasion de revoir, m'a dit aussi n'avoir pu se refuser aux pressantes instances d'une famille éplorée, et avoir guéri un jeune garçon boulanger épileptique qui, dans son sommeil somnambulique, lui avait avoué la cause honteuse de cette maladie, et lui avait dit en pleurant qu'il était lui-même son assassin. On sait qu'en faisant cesser la cause on supprime l'effet.

Un juge de paix de ce département m'a écrit, en date du 5 septembre 1838 :

« . . . . . Quant à ma petite épileptique, » on l'avait fait aller à Quintin pour la mettre » à l'hôpital. M. Guepin, ancien notaire, avait » un enfant malade. Il a pris la petite épilep-» tique chez lui et l'a magnétisée, pour consul-

» ter sa fille à lui-même, qui a été guérie par
» suite. C'est chez lui qu'on a fait jeter l'épi-
» leptique à l'eau froide, suivant ses prescrip-
» tions, et c'est à ces bains froids qu'on doit
» attribuer sa guérison (1). »

De compte fait, voilà trois épileptiques qui, au vu et su de tout le département des Côtes-du-Nord, dans ces derniers temps, ont été guéris par le magnétisme, ce dont je suis la première cause ; car avant moi on n'y avait vu ni magnétiseurs ni somnambules. J'ai donc à me féliciter d'y avoir rendu publiques toutes mes expériences.

Revenant aux somnambules et à leur thérapeutique, je dirai que ce n'est pas parce qu'ils conseillent des moyens simples qu'il faut les rejeter. Les remèdes les plus simples sont souvent les meilleurs. En voici encore un exemple :

M. Sauveur La Chapelle, député, m'a dit qu'il avait la goutte, et souffrait des douleurs atroces. Son médecin, qui avait épuisé tout son savoir inutilement, l'engageait à la patience, et lui

(1) C'est le même moyen qui avait guéri l'épileptique Pétronille, que Georget et Londe jetèrent dans l'eau, et dont la maladie reconnaissait la même cause : une frayeur.

répétait le refrein ordinaire, qu'il faut savoir vivre avec ses ennemis. On lui parla d'une somnambule dirigée par M. le docteur Chapelain, madame Viltar, qui jouissait alors d'une lucidité admirable, ce dont j'ai été quelquefois témoin. Il la consulta. Elle conseilla un cataplasme de verveine sur le pied. Une seule application pendant une nuit a suffi pour le guérir complètement. J'observe ici que le remède conseillé par les somnambules est pour l'individu malade qu'ils explorent, et non pour tous ceux qui auraient la même maladie.

C'est, au contraire, parce qu'on aurait conseillé des remèdes qu'on appelle héroïques, des remèdes extraordinaires, qu'il faudrait les rejeter. En voici la raison : « Les meilleurs somnambules ne sont pas constamment lucides ; » ils se trompent quelquefois. » Il pourrait alors résulter des inconvénients très graves de l'emploi de drogues trop actives. Il n'y a que dans des cas désespérés, après une seconde ou troisième consultation, qu'un médecin prudent pourrait en permettre l'usage.

J'ai dit que dans le choix d'un magnétiseur on devait ne prendre qu'une personne bien portante, et d'une moralité bien reconnue, d'une bonne santé, parce qu'il n'est pas sans exemple, quoique cela soit fort rare, que le magnétiseur ait communiqué ses maux au magnétisé, et *vice versâ*; d'une moralité bien reconnue, parce qu'il « pourrait arriver que le magnétisé donnât » au magnétiseur tout empire sur son être (1). » Il n'y a pas de danger si l'action magnétique » ne va pas jusqu'à produire le sommeil, et j'ai » déjà dit que les plus belles cures avaient été

(1) Si je faisais un traité sur le magnétisme, que de choses j'aurais à dire à cet égard! Il me suffit de dire que le magnétiseur peut à son gré, suivant sa puissance magnétique et l'impressionnabilité du sujet, modifier tous les sens de celui-ci. Le docteur Filassier, dans sa thèse soutenue à l'École de médecine, cite une dame qui s'enivrait avec de l'eau, et qui éprouvait en la buvant les mêmes sensations et le même plaisir qu'on éprouve à boire le vin de champagne, parce que cette eau avait été magnétisée dans cette intention. Je connais une dame, la comtesse de Saint-D***, qu'on purge avec de l'eau magnétisée, et, suivant l'intention du médecin, elle trouve cette purgation salée ou amère. J'ai vu et j'ai opéré moi-même de pareils phénomènes ou autres analogues un grand nombre de fois, non-seulement en agissant sur le goût, mais sur l'odorat, sur la vue et sur l'ouïe, qu'on peut même paralyser et déparalyser à volonté.

» faites de cette manière. » Il suffit d'ailleurs de savoir à quoi on s'expose pour prendre les précautions que la prudence exige. Choisissez surtout un homme bienveillant, animé de l'amour de l'humanité ; son magnétisme est plus doux. Quoiqu'il soit d'une grande puissance, il ne peut jamais faire de mal. « Plus tard ce sera la » médecine de famille. »

J'ai donné quelque étendue à cet article, parce que j'ai pensé que les assertions d'un homme qui s'est occupé de cet objet pendant plusieurs années, dans le seul but d'agrandir la sphère de ses connaissances (1) et de guérir les indigents (je n'en ai jamais retiré aucun lucre), pouvait être de quelque poids pour fixer l'opinion incertaine de plusieurs. Je suis d'autant plus désintéressé dans cette affaire que mon âge et mes forces ne me permettent plus de magnétiser. En parlant des avantages du magnétisme, je n'ai point non plus dissimulé ses inconvénients

(1) Combien sont curieux les phénomènes magnétiques! combien ils sont dignes de la méditation du philosophe! n'y eût-il que l'action de la pensée sur la pensée, des réponses précises faites vocalement à des demandes faites mentalement! Il faut nécessairement qu'on soit spiritualiste quand on a vu de pareils faits.

et ses dangers, tant pour le magnétiseur que pour le magnétisé ; mais dans les cas désespérés c'est encore une dernière ressource à tenter, excepté cependant dans la phthisie au troisième degré. J'ai alors observé les mêmes effets que lorsqu'on fait respirer à ces malades le gaz oxygène pur. La lampe donne une lumière plus éclatante, mais elle s'use plus vite.

La plus grande preuve de dévouement qu'on puisse donner à un malade, c'est d'entreprendre sa guérison par le magnétisme, puisqu'on lui donne une partie de sa vie, puisqu'on lui communique une partie de ce feu céleste qui nous vivifie, puisqu'enfin il peut survenir pendant le traitement des crises nerveuses qui, pour être calmées, demandent beaucoup de sang-froid et une grande force de volonté.

La plus grande preuve de confiance qu'on puisse donner à quelqu'un, c'est de se laisser magnétiser par lui, puisqu'il pourrait arriver qu'on donnât non-seulement tout empire sur son corps, mais encore sur son âme.

Voilà les conseils désintéressés de l'expérience, et c'est aussi l'opinion d'un homme qui depuis quinze ans pratique le magnétisme avec autant de puissance que de loyauté (le docteur Chapelain). On a proclamé bien haut, dans ces derniers temps, le non-succès des expériences de MM. Berna et Pigeaire. Il faut que le premier soit bien jeune, et le second bien provincial, et tous les deux bien candides pour avoir accepté pour juges des hommes qui d'avance s'étaient déclarés leurs accusateurs. Quelle insigne mauvaise foi on a montrée dans ces affaires! Comme l'injustice me révolte, j'ai été du nombre des souscripteurs qui ont offert 60,000 francs à ceux qui liraient à travers le bandeau de mademoiselle Pigeaire, ainsi que des membres de l'Académie s'en étaient flattés; et, comme on ne répondait point à nos lettres, nous nous sommes servis de la voie des journaux.

Ce que je puis assurer, c'est que nos offres n'étaient point illusoires; et ne pas nous répondre, c'était évidemment se reconnaître menteurs; mais leur but avait été rempli, tous les journaux avaient publié leur victoire avec emphase. Ils auront beau faire, la raison finit toujours par avoir raison.

Influence de l'exercice sur la santé.

> « De même qu'une eau courante se
> » conserve pure et limpide, pendant
> » que l'eau stagnante se corrompt,
> » ainsi l'exercice entretient la vigueur
> » du corps, tandis que la paresse et
> » l'inaction engendrent une foule de
> » maux. »
>
> MORGAN, le *Port de la santé.*

Un des moyens les plus sûrs de conserver sa santé, c'est de faire de l'exercice. J'ai connu un employé dans les bureaux du ministre de la guerre qui ne se portait bien que depuis qu'il s'était logé dans le parc Saint-Fargeau, et s'était ainsi placé dans la nécessité absolue de faire chaque jour trois ou quatre lieues à pied, car alors il n'y avait pas d'Omnibus. Je connais un vieillard, âgé de plus de quatre-vingts ans, à qui on n'en donnerait pas plus de soixante, parce que depuis longues années il s'est imposé la loi d'aller tous les jours à pied de la rue des Fossés-Saint-Germain-l'Auxerrois jusqu'à la barrière de l'Etoile; mais la plupart des hommes n'ont pas assez de force de volonté pour prendre une pareille résolution. On est naturellement paresseux. S'il faut aller loin pour trouver une promenade, ce qui a souvent lieu dans Paris, on reste dans sa chambre, et plus on y reste, plus on veut y rester; car plus on accorde à la paresse, plus elle demande. De là résultent les mauvaises digestions et toutes les maladies qui en sont la conséquence, comme gastrites, cancers d'estomac, etc.

Il y a surtout une maladie que donne le défaut d'exercice chez les gens qui font bonne chère et se nourrissent d'aliments très animalisés, très azotés, c'est la goutte. Cette maladie, qui est exclusivement celle des gens riches, n'a d'autre cause qu'une surabondance de sucs nutritifs, et non, comme on le croit, l'usage des liqueurs fortes dont fait abus la classe ouvrière, qui n'est cependant presque jamais attaquée de cette infirmité. Le repos y prédispose en exagérant la sensibilité des tissus articulaires, et son résultat étant le refroidissement des extrémités inférieures, laisse ainsi ces parties sans puissance de réaction à l'influence du froid. C'est surtout l'exercice qu'on recommande comme le meilleur moyen de guérison.

Goutte bien travaillée est à moitié pansée. Cet axiôme est d'autant plus vrai qu'en activant toute sécrétion, en facilitant la transpiration, l'exercice débarrasse de cette surabondance de matériaux nutritifs. Je viens de lire dans les journaux qu'un médecin de grande renommée venait d'ordonner à tous ses goutteux de frotter leurs appartements, ce qui est devenu à la mode, dit-on.

Dans notre maison sociétaire où l'on a un beau et grand jardin, des corridors, de longs promenoirs d'hiver, des jeux de billard, de paume, de boule, le voisinage des bois de Boulogne et des Champs-Elysées, tout invite à la promenade et à faire de l'exercice. Ici on y est d'ailleurs engagé par la société. Souvent on ne va pas à la promenade, parce qu'on ne veut pas se promener seul.

On établira dans la maison des ateliers de tour, de menuiserie. J'ai vu souvent les personnes les plus riches trouver plaisir et santé dans ces travaux. On aura de plus à choisir ceux du jardinage, qui ont aussi beaucoup d'attraits.

Influence de la société ou de la solitude sur la santé.

On dit que de tous les supplices, le plus cruel est celui du secret long-temps prolongé, tant l'homme est né pour la société.

Le docteur Rullier, dans le *Dictionnaire de médecine*, s'exprime ainsi :

« On voit du côté des phénomènes intellec-
» tuels et moraux, que d'aimables distractions,
» les charmes d'une conversation animée après
» le repas, se montrent des plus favorables à la
» digestion. »

Il y a long-temps qu'on a observé que « les morceaux bien caquetés se digèrent mieux. » Puisqu'il en est ainsi, comme les bonnes digestions sont une des plus grandes causes de la santé, on doit mieux se porter dans notre association qu'ailleurs, car nulle part la conversation ne peut être plus variée et plus animée. On en verra surtout la cause lorsque je parlerai des groupes d'amitié.

Tout dans cette association se réunit pour obtenir les heureux résultats que je viens de citer. Dans une société aussi nombreuse, chacun trouvera sûrement les personnes qui lui conviendront le mieux, qui lui plairont le plus, et qu'il aurait en vain cherchées dans l'état d'isolement où nous vivons habituellement à Paris.

Les médecins qui envoient leurs malades aux eaux, savent très bien que l'eau tant renommée ne sera pour rien dans la plupurt des guérisons qu'ils espèrent, et qu'ils obtiennent aussi très souvent ; mais ils connaissent les bons effets d'une vie plus animée, plus sociale, plus variée.

Si on veut se faire une idée de ce que doit être notre société, qu'on se représente une réunion de gens riches logés et réunis dans les grands bâtiments des bains d'Enguien, qui aujourd'hui reprennent tant d'éclat par la bonne et sage administration du directeur; observant ici cependant que les eaux sulfureuses sont d'un puissant effet pour un grand nombre de maladies.

Je mets en regard de ce tableau animé et vivifiant de notre état sociétaire celui du dîner solitaire, il est extrait de la Bibliothèque britannique, Art de donner à dîner.

« Je ne parle pas du dîner solitaire, il n'a aucune valeur; il est naturellement et nécessairement malheureux. L'homme se replie sur lui-même, et ne sait comment employer la surabondance de vie qu'il puise dans un excellent repas. La solitude fait naître la méditation; la méditation contrarie la digestion. Le dîner solitaire est donc tout-à-fait anti-social et anti-hygiénique. Le seul remède dont on puisse s'aviser, est dangereux; c'est l'emploi fréquent de la bouteille. A la fin d'un repas solitaire, on trouva sir Hercule étendu dans un fauteuil à bras, et contemplant d'un œil

» troublé trois cadavres de bouteilles de vin de » Bordeaux qu'il avait mis à mort. Quoi! lui » demanda-t-on, vous avez bu tout cela sans » être aidé? Non vraiment, j'ai été aidé par une » bouteille de vin de Madère. Il n'est permis de » dîner seul que quand on est prisonnier d'état.»

Continuant d'envisager cette grande réunion sous le rapport de l'hygiène, je dirai que rien n'est plus utile pour la santé que de trouver dans les lieux qu'on habite des objets de distraction et de plaisir, surtout pendant l'hiver.

Lorsque le vent de bise souffle bien fort, lorsque la terre est couverte de neige ou de verglas, lorsque la pluie tombe par torrents, lorsque le thermomètre est à 10 ou 12 degrés au-dessous de zéro, comment sortir le soir après son dîner? comment aller chercher des distractions chez ses connaissances qui demeurent souvent fort loin, car à Paris les courses ne sont pas petites? Si la paresse ou bien une légère indisposition vous forcent à rester à la maison, alors l'ennui vous assiège, l'ennui, ce ver rongeur, qui a fait périr tant et tant de gens retirés du commerce et des affaires en les forçant souvent à se livrer à des excès de table.

Au contraire, si vous bravez l'orage et les frimats pour ne pas manquer à vos réunions habituelles, au café, quand vous sortez vers les dix ou onze heures de cette étuve, le froid qui vous saisit vous donne les rhumes, les catarrhes, les fluxions de poitrine, les rhumatismes, et tant d'autres maladies dont la transpiration supprimée instantanément est la cause la plus ordinaire, surtout chez l'homme qui n'est plus jeune, et dont le tempérament n'est plus capable d'une forte réaction.

Dans la réunion que je propose, tout contribuera à entretenir la bonne santé.

Une nourriture abondante et saine prise à des heures réglées; des vins achetés du propriétaire vigneron, et non frelatés; un bon air, car je conseille d'établir ces grandes réunions hors barrière; un exercice modéré, pris dans des promenades, des jeux ou des travaux au jardin. L'ennui, les soucis, les chagrins éloignés ou chassés par une multitude d'objets de distractions ou de plaisirs; une certaine insouciance que donne la pensée qu'on améliore son avenir. On verra plus bas que mon organisation est combinée de manière que plus on restera dans cette maison de réunion, plus on y diminuera sa dépense, en augmentant cependant ses jouissances; enfin, un habile médecin, « venant tous les jours (1) » s'informer de la santé des actionnaires, en guérissant les légères indispositions, préviendra ainsi souvent les maladies les plus graves et les plus dangereuses, suivant le précepte, qu'il faut attaquer le mal dans le principe. *Principiis obsta sero medicina paratur cum mala perlongas invaluere moras.*

Dans le cas d'une maladie aiguë, d'une maladie grave, quel immense avantage de trouver dans l'infirmerie de cette maison toutes les ressources qu'on ne trouve jamais aussi complètes chez le particulier ; des lits et des fauteuils mécaniques, des gardes-malades très habiles et très zélés (2), des vases et des instruments les plus

(1) Un médecin qu'on paie à l'année ne vient voir l'homme isolé que quand on le fait demander, ce qu'on ne fait pas souvent par bienveillance pour lui. Un vieux praticien, et ceux-là sont les guérisseurs, fatigué de courir la clientelle, se trouverait heureux d'être reçu au nombre des sociétaires en faisant à l'association les conditions les plus avantageuses.

(2) Dans nos ménages isolés, une méchante cuisinière bien gauche, qui ne saurait même pas vous mettre des sangsues, qui ne sait pas distinguer une infusion d'une décoction, peut-elle vous être de quelque utilité?

convenables, du linge en abondance, des provisions de plantes médicinales, de sangsues, des drogues les plus usuelles; enfin le silence et le calme, ce qui est bien différent à Paris, où le bruit infernal qui s'y fait jour et nuit tourmente si péniblement les malades. Quelle énorme fortune ne faudrait-il pas avoir si on voulait réunir tant de bien-être physique en vivant isolément!

DEUXIÈME SECTION.

BIEN-ÊTRE MORAL QU'ON TROUVE DANS L'ASSOCIATION.

Il n'est pas bon que l'homme soit seul.

Genèse, chap. 2, v. 18.

Ennuis de la vie solitaire, et plaisirs de la sociabilité.

J'ai décrit une partie des jouissances physiques et matérielles qu'on peut trouver dans l'association. Il est plus important encore de prouver que le bien-être moral ne sera pas moindre; car l'homme est un être complexe : son bonheur dépend de la satisfaction de ses besoins, qui sont multiples, et tout à la fois physiques, moraux et intellectuels, c'est-à-dire ceux du corps et de l'âme, et souvent, chez l'homme civilisé, ces derniers sont les plus impérieux.

L'homme est né pour la société, pour l'amitié; mais s'il est facile de conserver un ami, il est difficile de le trouver (1), et surtout à Paris, où l'on passe souvent toute sa vie sans rencontrer la personne qui nous convient le mieux, et dont on ne se trouve cependant séparé que par une simple cloison. Dans cette grande capitale, la prudence conseille d'être perpétuellement en garde contre l'intrigue et des dehors trompeurs. Ici nous aurons d'autant plus de chances de trouver les personnes qui peuvent nous convenir que dans ce mode d'association les hommes se grouperont d'après leur fortune, leur âge et leur position sociale, et qui dit amitié dit égalité, suivant l'expression de Pythagore. D'ailleurs la fréquentation journalière donnera occasion à

(1) On a dit par opposition que s'il est facile de trouver une maitresse, il est difficile de la conserver.

chacun de bien observer et de voir à qui il doit donner son amitié et sa confiance, qui seront d'autant plus entières qu'on se connaîtra mieux. Combien d'amitiés se sont formées au corps-de-garde depuis l'organisation de la garde nationale! Ici les mêmes résultats auront lieu, mais ce sera dans la salle à manger, car la table est entremetteuse d'amitié, comme le dit un ancien proverbe grec.

Le dîner solitaire est anti-social, comme nous l'avons vu. Brillat-Savarin, traitant des inconvénients des repas chez le restaurateur à la carte, dit: « Mais ce qui est bien plus funeste pour l'ordre » social, c'est que nous regardons comme cer» tain que la réfection solitaire renforce l'é» goïsme, habitue l'individu à ne regarder que » soi, à s'isoler de tout ce qui l'entoure, à se » dispenser d'égards; et par leur conduite avant, » pendant et après le repas, dans la société or» dinaire, il est facile de distinguer parmi les » convives ceux qui vivent habituellement chez » le restaurateur.

» Entre autres, quand on fait courir une as» siette pleine de morceaux tout découpés, ils » se servent, et la posent devant eux sans la

» passer au voisin dont ils n'ont pas coutume de » s'occuper. »

On sait que les mêmes goûts sont des liens de sympathies et d'affection. Ici les occasions fréquentes et presque journalières d'exercer les mêmes talents ou de se livrer aux mêmes travaux, aux mêmes amusements, soit à la salle de concert, soit à la bibliothèque, soit au jardin, soit ailleurs, répandront sur cette société un charme inexprimable, qui sera la cause la plus efficiente de l'union la plus intime entre les membres.

S'il est vrai, comme l'a dit la bonne madame Geoffrin, qu'il ne faut pas laisser croître l'herbe sur le chemin de l'amitié, dans cette réunion, elle sera mieux cimentée que dans l'état d'isolement où l'on vit ordinairement à Paris. Le grand éloignement où l'on est les uns des autres, le tourbillon des affaires, des distractions et des plaisirs, toutes ces choses vous font souvent négliger d'aller visiter vos plus intimes amis. Qu'un vieux célibataire tombe malade, n'est-il pas souvent plusieurs jours sans recevoir une seule visite? Le temps lui paraît bien long, et ses souffrances bien aiguës. « Si l'homme ne vieillissait pas, je ne lui voudrais pas de femme : » telles furent les paroles prononcées par le premier consul lors de la discussion du Code civil. Je ne sais si, comme le dit M. de Balzac, dans sa Physiologie du Mariage, ce grand homme a voulu faire du mariage la critique la plus amère ; ce qu'il y a de certain, c'est qu'il pressentait combien devait être douloureux le sort du vieillard qui vit isolé, et qui, dans ses malheurs et dans ses souffrances, ne reçoit pas journellement appui et consolation.

Le malheur est à son comble, si alité et impotent il se trouve à la discrétion d'héritiers ou de domestiques immoraux qui, sous différents prétextes, éloignent parents et amis pour voler et abuser cruellement de leur position. A Paris, ces événements sont plus fréquents qu'on ne pourrait le croire. Il y a deux mois, un homme riche est mort dans la maison que j'habite. Eminemment sociable et vivant seul, ce vieillard avait ardemment désiré la société des locataires de cette maison, occupée par des personnes aisées et de bonnes manières; mais dès l'instant où cet homme a été tout-à-fait alité, les domestiques ont reçu ordre de fermer la porte à tout visiteur. Nous avons su que cet ordre avait été donné par des héritiers avides qui craignaient que cet homme, qui avait à se plaindre d'eux, ne fit quelques dispositions testamentaires. C'est ainsi que ce malheureux vieillard a été mis sous le séquestre pendant plus de trois mois. Dans cette affreuse solitude, que de douleurs morales venaient s'ajouter à ses douleurs physiques! Il était comme le malheureux condamné à mort et qu'on met en chapelle avant de le conduire au supplice. Dieu seul connaît tous les empoisonnements, tous les crimes dont tant de vieillards isolés sont morts victimes!...

Dans notre association, l'herbe croîtra d'autant moins sur le chemin de l'amitié qu'on aura, sans sortir de la maison commune, les plaisirs les plus variés, soit dans des salles bien chauffées et bien éclairées, soit dans de beaux jardins. On aura bibliothèque bien fournie, journaux, billards et autres jeux. Cette dépense, répartie sur cent ou deux cents personnes, sera minime pour chacun.

On a souvent besoin d'un plus petit que soi, a dit La Fontaine. Il a voulu peindre ainsi la faiblesse de l'homme isolé; l'homme ne trouve de force et de plaisir que dans l'union.

« *Vœ soli quia, cum ceciderit, non habet*
» *sublevantem se.* (Ecclésiaste, IV, V. 10.)
» Malheur à celui qui marche seul, car il n'aura

» personne pour le relever quand il tombera.»

Dans un moment d'émeute ou de guerre civile, cette réunion de cent ou de deux cents personnes offre plus de garantie et de sécurité que lorsqu'on vit isolé. Maës et son épouse, vivant dans une pareille maison, n'auraient point été assassinés. Combien de gens tués la nuit par leurs domestiques! Tel fut le célèbre médecin Alphonse Leroi, et tant d'autres. Combien de fois les voleurs, profitant de l'absence d'une domestique, n'ont-ils pas baillonné ou assassiné la maîtresse ou le vieux maître pour les voler! Qui n'a pas frémi d'horreur au récit de ces derniers assassinats de la rue du Temple, de la rue de Malte! Ces malheurs, qui n'arrivent que trop souvent dans nos grandes cités, ne peuvent jamais exister dans notre grande réunion.

Quand on a besoin de quelque chose, il faut en parler à tout le monde, parce que le hasard fait que ceux dont vous attendez le moins sont ceux qui vous servent le mieux (1). Ici vous

(1) Le célèbre et très riche manufacturier Oberkampf, le fondateur de Joui, disait un jour, en dînant chez un de ses amis : Je désire me remarier ; je voudrais une femme de mérite, et je n'ai pas besoin qu'elle ait de la

pouvez dans quelques instants faire cent demandes, qui seront d'autant mieux accueillies que des liens de commensalité et de confraternité vous unissent à vos voisins, et qu'il y a entre tous échange perpétuel de bons offices.

Ma longue expérience du monde me fait assurer que l'avantage dont je parle est considérable, ne fût-ce que pour obtenir des renseignements.

Sans admettre, avec madame de Staël, que le bonheur est négatif, qu'il est l'oubli de l'existence, et que c'est le motif pour lequel les hommes recherchent le tourbillon des grandes réunions, je sais que

L'ennui naquit un jour de l'uniformité.

Cent fois j'ai entendu des Parisiens dire : « Comme nous nous sommes amusés à cette

fortune. Le domestique, qui avait entendu la conversation en servant à table, s'en entretient avec le portier. Celui-ci lui dit : Que ne pense-t-on à mademoiselle ***, qui demeure dans cette maison ; c'est la personne la plus digne et la plus vertueuse. Le domestique en parle à ses maîtres. On prend les renseignements les plus positifs ; le mariage se fait. Quelle en est la cause la plus efficiente? N'est-ce pas le portier, auquel M. Oberkampf ne pensait sûrement pas à faire cette demande?

» fête, il y avait une foule considérable! » C'est dire, en d'autres termes : Il a passé sous nos yeux le spectacle le plus varié dans les figures, dans les costumes, dans la tournure, dans la démarche ; nous avons pu nous occuper peu de temps de chaque objet. Comme le plaisir n'est que la satisfaction des passions qui sont nos besoins, c'est ici la passion que Fourier désigne par le nom de *papillone*, qui est satisfaite. Le plus bel opéra qui durerait vingt-quatre heures ne finirait-il pas par être assommant ? Il y a encore une autre cause de ce plaisir : ici il y a vie, il y a mouvement, et par conséquent animation ; et je crois qu'il en est du fluide vital comme d'un autre fluide, le calorique, qui irradie en tous sens. Ceux qui connaissent les phénomènes magnétiques sauront me comprendre. Quoi de plus triste qu'une grande habitation où il n'y a ni bêtes ni gens ?

On voit tous les jours les meilleurs pères, les meilleurs maris, quitter leurs familles pour aller à leur café ou à leur cercle. Dans un petit ménage, quelle variété d'idées et de situation peut-il exister? On se sait par cœur ; dans notre grande réunion, que d'anecdotes nouvelles ! On ne s'aborde pas sans se demander : *Quid novi fert Africa?* Quoi de nouveau? J'ai dit notre grande réunion; car si on veut qu'une pareille association soit heureuse et durable, il faut qu'elle soit nombreuse. Les meilleurs amis s'aigrissent, se grondent, se boudent par moments, s'ils sont trop souvent ensemble. Qu'il y ait donc assez de personnes pour que chacun puisse varier ses sociétés, pour que ceux qui ne se conviennent pas puissent s'éviter sans que cela paraisse.

Tout ici tend à faire éviter l'ennui de l'uniformité; chaque table sera composée de douze personnes au plus; quand la réunion est plus grande, la conversation n'est pas générale; dans le commencement on changera souvent de table, jusqu'à ce qu'on se soit assorti de la manière la plus agréable; c'est le cas de dire : On tâte ses relations. On aura dans tous les temps cette facilité d'échanges volontaires, avantage qu'on n'a pas dans les pensions bourgeoises où il n'y a qu'une seule table. Bientôt il s'établira entre ces commensaux une franche cordialité qui permettra sans inconvénient les facéties et les plaisanteries.

Fourier, dans un chapitre sur les groupes d'amitié, dit en parlant d'un de ses modes qu'il appelle hermaphilie :

« C'est un lieu des plus gais et tout-à-fait convenable à dérider les civilisés. On ne peut le » rencontrer qu'en société libre et payante, » comme une pension de table. Pour l'équilibrer, il faut, quant au lien de caractère, y » réunir trois divisions, par exemple :

» Genre actif, les coryphées tenant le dé, » cinq ;

» Genre mixte, les moyens convives sans prétention, quatre ;

» Genre passif, les faibles ou bardots, les badinés, trois.

» J'attribue cet accord à une table de pension, » parce qu'il ne peut se rencontrer,

» 1° Ni aux tables de famille où tout est glacial ;

» 2° Ni aux tables d'hôte où règne la défiance ;

» 3° Ni aux tables d'étiquette sans cordialité ;

» 4° Ni même aux tables amicales fortuites où » les trois distinctions de genre et les gradations de facéties ne sont pas établies.

» On ne peut rencontrer cette série de trois » groupes, échelonnés en genre amical, que » dans une table de pensionnaires habitués et » pleinement libres. Ces accords sont d'un tel » charme, que ceux qui ont fait partie de pa-

» veilles réunions, en conservant toute la vie » d'agréables souvenirs. »

Au reste, on pourra changer de table, s'isoler avec quelques amis, avec des invités ; on aura à cet égard toute liberté, et on pourra inviter des étrangers avec beaucoup d'économie.

Le luxe de table est aujourd'hui poussé si loin que, n'inviteriez-vous qu'une seule personne, il faut de rigueur les huit ou dix plats exigés par l'usage, bouilli, rôti, deux entrées, deux entremets, salade, etc., et ce qui ne vous coûtera pas ici plus de 30 sous vous aurait coûté 30 francs dans le ménage isolé.

Ne pourrait-on pas se réunir un certain nombre de personnes, soit une douzaine, pour louer une villa à quelque distance de Paris, et y aller faire des parties de campagne en été ; cela coûterait peu de chose. Que six personnes se réunissent pour avoir en commun une calèche avec un cheval, ce qu'on appelle à Paris une demi-fortune, cela coûtera tout au plus 20 sous par jour pour chacun, total 2,190 francs pour l'entretien annuel. On s'entendra facilement pour en jouir, soit isolément, soit en société. La maison, d'ailleurs, pourrait avoir de ces voitures de luxe, qu'elle louerait pour un temps déterminé.

Ce mode serait même préférable, parce qu'elle gagnerait encore sur cette location.

Pour prévenir la monotonie, on s'attachera non-seulement à varier les mets (1) et les plaisirs, mais aussi à avoir plusieurs jours dans l'année marqués par des fêtes et des extraordinaires. Ainsi, par exemple, je suppose qu'on ait assigné 400 francs par an pour le dîner seulement, sans vin et sans café, c'est 22 sous par jour, on n'en dépenserait habituellement que 20, le reste serait reporté sur des jours désignés, comme l'anniversaire de l'installation, les fêtes, les dimanches, etc.

Occupations agréables dans un établissement sociétaire.

Est-il une position plus heureuse que celle qui vous délivrera de ces soins, de ces détails

(1) Il ne faudrait pas que le même mets pût reparaître sur la table dans la même semaine. Au bout d'un temps, dit La Bruyère, le nectar me deviendrait insipide, et je déserterais la table des dieux. Qui ne se rappelle les plaintes du confesseur de Louis XIV : *Toujours des perdrix!* Dans une grande réunion, on a bien plus de facilité pour varier les mets. C'est ce qu'on éprouve lorsqu'on se réunit seulement trois pour manger à la carte chez le restaurateur.

de ménage si multipliés et si fastidieux dans leur ensemble, et qui vous permettra de vous livrer en grand au plaisir qui vous entraîne vers quelques-uns de ses travaux. Je connais une dame, riche, qui a le plus grand dégoût pour les petits soins du ménage, et qui fait elle-même ses confitures et sa pâtisserie. J'en connais une autre qui ne s'occupe que de son linge, aussi existe-t-il beaucoup de désordre dans tout le reste de son ménage.

Louis XV faisait lui-même son café.

Louis XVI, fabriquant des grilles et des serrures, nous prouve que ce ne sont pas les fonctions les plus agréables au grand nombre qui plaisent le mieux à certains individus. Il y en a même d'horribles et des plus répugnantes qui ont de l'attrait pour les gens riches. Le docteur Gall cite, dans ses ouvrages, un banquier hollandais qui payait un boucher, fournisseur des armées, pour se donner le plaisir d'égorger des animaux.

Je connais un ancien avoué, très riche, dont la passion la plus ardente, ou plutôt celle qui absorbe toutes les autres, est de s'occuper de ses poules et autres gallinacées; il a fait bâtir dans sa basse-cour un cabinet où il passe tout son temps à soigner ces animaux. Un célèbre médecin de la capitale avait la même passion. De pareils individus, membres de notre association, éprouveraient de grands plaisirs si on les chargeait du soin de la basse-cour.

Je suis moi-même un exemple de ce que j'avance. On ne peut avoir plus d'antipathie, je dirai même de dégoût que je n'en ai pour tous les détails du ménage ; il y a cependant cinq ou six choses dont je m'occuperais avec plaisir :

1° De surveiller l'achat et l'économie du combustible, soit pour la préparation des aliments, soit pour le chauffage des appartements ;

2° De la préparation du café, c'est une boisson pour laquelle j'ai la prétention d'être gourmet. Combien de fois, en savourant ses délices, ne me suis-je pas écrié avec Delisle :

« Et je crois, du génie éprouvant le réveil,
» Boire dans chaque goutte un rayon du soleil. »

On voit que l'auteur était plein de son sujet ;

3° De la partie technique et scientifique du blanchissage du linge ;

4° De surveiller le bibliothécaire et de l'aider parfois dans ses travaux ;

5° De l'examen chimique des comestibles pour

découvrir et remédier à leur sophistication ou altération.

La musique, les jeux, les chevaux, le jardinage et autres objets dont les soins sont si agréables pour beaucoup de personnes, n'ont aucun attrait pour moi.

Je m'occuperais encore de travaux de force et manuels, quoique je ne les aime pas; ils deviendraient pour moi des exercices gymnastiques et hygiéniques, propres à la conservation de la santé. C'est ainsi que les travaux et les soins du ménage, répartis entre tant d'individus, suivant leur aptitude ou leurs goûts, seraient agréables, faciles et peu coûteux.

> *Trahit sua quemque voluptas.*
> Par son attrait chacun est emporté.

La nature, en nous donnant des goûts si divers, nous indique par cela même la nécessité de pareilles réunions.

Quoique je fasse plus particulièrement appel, dans ce prospectus, aux veufs et aux célibataires, assez aisés pour tenir ménage avec cuisinière, il peut se trouver cependant des gens qui vivent habituellement chez le restaurateur ou à table d'hôte à qui ces conditions peuvent convenir. Je vais donc dire quelques mots sur les inconvénients de ce mode d'existence ; car pour bien juger, il faut comparer, et on n'agit pas sans motifs déterminants.

Inconvénients de la vie du restaurant.

Nous avons déjà vu que Brillat-Savarin condamne le repas solitaire chez le restaurateur comme anti-social et disposant à l'égoïsme. Il ajoute : « Nul doute que l'occasion et la toute » puissance des objets présents n'entraînent » beaucoup de personnes dans des dépenses qui » excèdent leurs facultés. Peut-être les estomacs » délicats lui doivent-ils quelques indigestions, » et la Vénus infime quelques sacrifices intem» pestifs. »

S'il dit aussi peu de chose contre cette vie de restaurant, c'est qu'il y mangeait rarement, ayant chez lui un bon cuisinier ; et lorsqu'il dînait au restaurant, c'était dans quelque maison du premier ordre où, comme il le dit, il faut dépenser une vingtaine de francs pour faire un bon dîner. Mais il n'est pas donné à tout le monde d'aller à Corinthe. Il y aurait encore bien des choses à dire contre ces restaurants du premier ordre chez lesquels on trouverait difficilement des vins qui ne soient pas mélangés et travaillés ; chez lesquels on ne mange jamais de bonne soupe. C'est là où les crètes de coq qui accompagnent les ragouts ne sont autres que des palais de bœuf artistement découpés par des instruments faits exprès. Tromperie, toujours tromperie, même dans les plus petites choses. Les mets, pour être appétissants, sont trop assaisonnés ; il y a pendant quelques heures exaltation dans les forces vitales, de là peut résulter quelques sacrifices intempestifs, mais plus souvent des indigestions ou des gastrites, et ensuite toujours atonie et faiblesse. Je demandais un jour à M. Saunier Saint-Jouan, riche armateur (1), pourquoi il n'avait pas voulu accepter la députation des Côtes-du-Nord qui lui avait été offerte tant et tant de fois.

Voici ce qu'il me répondit : « Mes affaires ne me permettent pas d'habiter Paris. J'en serais d'ailleurs dégoûté par vos traiteurs, qui me paraissent être des empoisonneurs publics. Après

(1) Depuis plusieurs années nommé à l'unanimité président du conseil général, il est l'homme le plus remarquable de ce département par son esprit, ses grandes connaissances administratives et financières, sa fortune et sa haute position sociale.

quinze jours ou trois semaines de séjour dans cette capitale, j'ai la bouche brûlante comme si j'avais le scorbut. » (Je cite ses propres expressions.) Et ce fut en vain que je lui proposai l'exemple de Mithridate. A présent, si je descendais au restaurateur du second ou du troisième ordre, y trouverais-je quelque chose de bon et de sain; quels vins, quelle huile, quels aliments! Si j'arrive de bonne heure, on me donne les restes du dîner de la veille; si j'arrive tard, les rôtis sont desséchés; ils ont été cuits au four; ils ont été piqués pour en extraire le suc qui sert pour mouiller les ragouts. Le poisson n'est pas assez cuit, pour que les portions paraissent plus considérables. Ici les mets sont encore plus épicés, parce qu'il faut souvent ainsi en masquer la mauvaise qualité. Une dame, qui tient un des plus forts restaurants à 40 sous, disait à sa tante : « Nous faisons pour nous une cuisine particu- » lière, une cuisine bourgeoise, sans cela est-ce » que nous pourrions y tenir? » J'affirme sur l'honneur l'avoir entendu dire à cette tante.

Inconvénients de la table d'hôte.

Il y a bien là aussi quelques-uns des inconvénients qui existent chez le restaurateur, et notamment pour les vins ; mais il en existe d'autres, et qui sont spéciaux. Qu'un vieillard ait de mauvaises dents, qu'il ne puisse manger promptement, il aura bientôt vu disparaître ce qu'il y a de meilleur sur la table. S'il arrive un peu tard, que trouve-t-il? S'il y a dans cette table une personne qui lui déplaise, il n'a pas, comme dans notre association, la faculté de changer ses commensaux. La dépense est ici incomparablement plus grande qu'elle ne sera dans notre grande association. Le simple bon sens suffit pour en apprécier la différence ; mais ce qui doit surtout faire éviter à l'homme prudent ces réunions, c'est que la plupart sont des pièges tendus à l'inexpérience. Ce sont souvent des maisons de jeu clandestines où l'on paie ses dîners bien chers. Je ne parlerai pas de la société qu'on y trouve, surtout parmi les femmes qui viennent le soir faire la partie. La biographie serait par trop scandaleuse. C'est en sortant de pareils coupe-gorges que deux victimes viennent de se suicider.

Inconvénients de la pension privée.

Parlerai-je maintenant de ceux qui se mettent

en pension chez un parent ou un ami? Pour peu qu'ils aient de délicatesse, que de sacrifices ne sont-ils pas obligés de faire à leurs goûts et à leur volonté? Si on sait être attendu pour commencer le repas, on court, on arrive en nage, après avoir rompu brusquement une affaire ou une conversation intéressante.

On est journellement pris pour arbitre et pour juge dans les discussions et même dans les disputes ou querelles qui existent entre le mari et la femme, car on cesse de se gêner avec un homme avec qui on mange tous les jours, ce qui serait d'ailleurs impossible. Souvent c'est celui pour lequel vous auriez naturellement le plus de sympathie qui a tort; il y a tant de chose qu'on ne doit pas voir de trop près quand on veut conserver d'agréables illusions? Il y a si peu de bons ménages, il y a tant d'unions mal assorties! Si mari et femme sont deux bavards, ils voudront parler ensemble, et chacun voudra capter votre attention. Vous ne pouvez être agréable à l'un sans déplaire à l'autre.

Ce sont des enfants mal élevés, trop chéris ou plutôt gâtés par leurs parents, qui ne cessent de vous tourmenter, de vous importuner, et que vous n'osez réprimander comme ils devraient l'être de crainte de déplaire souverainement. Allez donc dire à cette mère qui suppliait son mari de permettre que son fils pissât sur le gigot qui était à la broche, parce que le petit le demandait impérieusement (j'ai vu des preuves peut-être encore plus fortes de la faiblesse d'un père); allez dire à cette mère que son fils vous a fait quelques espiégleries de ce genre ou autres plus désagréables, et qu'il faut qu'elle le corrige ; elle pleurera ; vous serez désarmé, mais vous souffrirez tous les jours.

Il y a bien d'autres désagréments, dont l'énumération serait ici trop longue. Ceux qui ont vu jouer le Pensionnaire au Vaudeville, savent que ce mode d'existence n'est pas sans tribulations. Mais, dit-on, ce sont de ces inconvénients qu'on éprouve dans le monde sans être pensionnaire, avec cette différence cependant qu'on se gêne davantage avec un étranger qui en impose toujours plus que le commensal habituel, et enfin parce qu'une petite douleur, soit physique, soit morale, qui ne cesse de vous tourmenter, fatigue plus l'âme qu'une grande douleur qui ne dure que quelques instants.

Vieillards, si vous devez vous mettre en pension, que ce soit chez une vieille et ancienne amie, vivant seule, et dont vous augmenterez l'aisance en lui payant une bonne pension. Ici tout est bonheur sans mélange, surtout si c'est une femme ayant de l'esprit et un bon cœur.

TROISIÈME SECTION.

ORGANISATION DE L'ÉTABLISSEMENT SOCIÉTAIRE.

Conditions générales.

Je n'ai mentionné qu'une partie des avantages qu'on trouverait dans l'association qui aurait pour but de vivre en commun; on peut en concevoir plusieurs autres. Tout le monde est convaincu de l'immense avantage qu'on y trouverait. C'est peu d'indiquer le but si on n'indique les moyens d'y parvenir, si on ne propose un bon mode d'organisation, si, habile horloger, on ne fournit une pendule dont les rouages permettent d'assurer qu'elle marchera long-temps et toujours bien. Avant de proposer mon mode d'organisation, je préviens que si on veut retirer de cette association tout l'avantage qu'elle peut donner, il faut être un grand nombre, ce qui diminue d'autant les frais généraux; car, dans une division, le quotient est d'autant plus petit que le diviseur est plus grand. Avec de petites sommes combien se procurerait-on de plaisirs et de jouissances? Il y a bien plus de gages d'harmonie et de durée dans une grande réunion. Ici la médaille s'use par le frottement; sous ce rapport, l'association de deux personnes est ce qu'il y a de moins convenable. Les volontés sont trop souvent en contact et opposées, sans régulateur et sans contrepoids, pour qu'il n'y ait pas bientôt rupture. Il faudrait donc être au moins un ou deux cents; le nombre de quinze cents ou deux mille serait encore meilleur, bien entendu qu'il y aurait des tables et des logements de divers prix; c'est ainsi qu'on agira quand on voudra définitivement asseoir la société sur de meilleures bases; mais alors on choisira des guides meilleurs et plus habiles que moi.

Mode d'organisation.

Je vais adopter un mode d'organisation qui a reçu la sanction de l'expérience. J'organise la petite commune comme la grande. Il y aura donc un recteur ou une rectrice (car j'admets les deux sexes), faisant les fonctions de maire, deux adjoints, un conseil, un trésorier fournissant caution, un bibliothécaire. Ces fonctionnaires seront nommés la première fois pour trois mois, et ensuite tous les ans. Pour que la majorité ne tyrannise pas la minorité, la première nomination se fera à la majorité absolue des suffrages; à la seconde, il faudra que les fonctionnaires déjà nommés réunissent les deux tiers des suffrages; la troisième année, qu'ils aient les trois quarts; les quatrième et suivantes, les sept huitièmes, sans quoi ils seront éliminés; c'est ainsi qu'avec l'assentiment presque général on peut employer indéfiniment les mêmes capacités.

Les attributions sont semblables dans la grande commune. Le recteur est le pouvoir exécutif; il nomme les agents, il ordonnance les dépenses votées en assemblées générales; il est surveillé par le conseil. Toutes les fonctions sont purement honorifiques, excepté celle de trésorier qui est payée, parce qu'il est chargé aussi de la comptabilité, et qu'il fournit caution. Si la réunion est très nombreuse, il y aura aussi un bibliothécaire payé, fournissant caution; dans le cas contraire, le trésorier sera aussi le bibliothécaire.

Le recteur, obligé à des courses, en sera indemnisé, à moins que la maison ne mette à sa disposition un cheval et un cabriolet, ce qui serait préférable.

Gages et durée.

Tout ce qui porte le cachet de l'humanité ne possédera jamais la perfection absolue. Il y a dans toutes les positions somme de biens et somme de maux. Le talent du législateur est de calculer et peser. M. Ternaux, qui a rendu de si grands services à l'industrie, disait un jour à la tribune législative : « Qu'ils sachent (les hommes) que leur bien-être n'est que le résultat des efforts qu'ils font pour l'obtenir, pendant que les maux arrivent par leurs passions ou les accidents de la nature. »

On sera donc obligé de faire quelques efforts, et de supporter quelques désagréments pour conserver de grands avantages. Quand je monte dans une voiture Omnibus, j'y rencontre quelquefois un maçon qui me blanchit mon habit noir; cependant je me sers presque tous les jours de ces voitures, que je regretterais beaucoup si elles n'existaient plus. Il y a des sociétés qui ont existé, et qui existent encore depuis des siècles, les francs-maçons, les frères moraves et tant d'autres; le talent est de bien organiser. Il en est des sociétés comme des particuliers dont la longévité est d'autant plus grande qu'ils ont reçu une meilleure constitution.

Pour faire partie de la société que je propose, il faudra que les hommes n'aient pas plus de soixante-dix ans (1) au moment de leur réception, et qu'ils en aient au moins trente-cinq. Ce sont les temps de la maturité de la raison, et dans le milieu de la vie on possède à peu près les mêmes goûts. Pour éviter tout sujet de jalou-

(1) Lors de la formation de la société, on pourra admettre des personnes plus âgées.

sie, il devra régner la plus grande égalité ; aujourd'hui à moi, demain à toi : telle est la devise adoptée, et quand il ne peut pas exister de lendemain, c'est le sort qui décide.

Entrons dans quelques détails à cet égard.

Le dîner seul sera commun ; on excepte le café, le vin et autres liqueurs fermentées, puisque plusieurs personnes n'en boivent pas. La société achète ces boissons en gros, et les distribue à chacun suivant la quantité qu'il désire ; les déjeûners ne font point partie de la dépense commune. Il y a trop de variations dans les habitudes à cet égard, l'un ne déjeûnant pas, l'autre déjeûnant deux fois. Mais il y aura dans la maison un café-restaurant, tenu par un salarié, où l'on trouvera abondamment ce qu'on désirera à cet égard ; c'est de ce café qu'on fera demander les huîtres, le dessert, les hors-d'œuvre quand on voudra en manger au dîner. Ce mode d'organisation donne le moyen d'unir des personnes de fortune différente ; il permet aussi de faire à l'occasion des dépenses qu'on ne voudrait pas faire tous les jours, ce qui donne encore aux associés la commodité d'offrir aux étrangers qui viennent les visiter un bon déjeûner et même à dîner. En cas de maladie, et lorsqu'on reçoit un étranger, on aura la facilité de se faire servir dans sa chambre, ajoutant alors quelques côtelettes ou béefteck, qu'on trouvera toujours au café ; on pourra encore bien recevoir un ami qui vient vous demander inopinément à dîner. Comme cette maison est plus particulièrement destinée aux veufs ou célibataires, quoiqu'il puisse s'y trouver des gens mariés, fatigués des embarras du ménage où il faut penser à tout, j'ai désiré qu'ils y trouvassent leurs habitudes de café ; ils y viendront jouer la dépense du jour avec un camarade. Souvent on l'offrira sans la jouer. Il y a des gens dont le plus grand plaisir est de donner (1). Ce sont les petits services et les petits cadeaux qui entretiennent l'amitié. Un verre de vieux Bordeaux après dîner, une demi-tasse de café offerte à l'occasion, seront souvent d'un grand effet pour la bonne harmonie.

Le plaisir d'obliger est le plaisir suprême,
A faire des heureux on est heureux soi-même.

(1) Ma sœur, madame Leparc, disait un jour à une autre de mes sœurs qui habitait une ville riche, où il y avait peu de pauvres : Il faut que je te quitte, je n'ai pas de plaisir ici ; je ne trouve pas l'occasion de donner. Il est vrai qu'elle est la mère des pauvres dans la petite ville de Moncontour qu'elle habite.

Ce café, brillamment illuminé et bien orné, sera le salon où se trouveront les billards et autres jeux ; ce sera aussi la bourse où se feront les échanges de place aux tables ou vente de ces places pour un dîner, pour lier quelques parties de plaisir soit à la campagne ou au spectacle.

Quelles sont les causes de division parmi les hommes? L'intérêt, la vanité, l'amour. Examinons chacune de ces passions, et voyons si nous pourrons les faire servir à la durée de notre société. Le grand art est d'utiliser les passions; car, ainsi que Jean-Jacques l'a fort bien dit : « Si c'est la raison qui nous éclaire, c'est le sentiment qui nous conduit. »

L'intérêt.

Comme il n'est point ici question d'acquisition, mais de dépense et de consommation, l'avare ne pourra exercer ici sa passion qu'au bénéfice de la société, en redoublant de zèle et de vigilance pour empêcher le gaspillage et pour utiliser tous les restes.

Pouvant économiser sur son revenu, en augmentant même ses jouissances, plus on sera avare et intéressé, plus on tiendra à conserver ce bien-être qui coûte moins d'argent. On peut aussi disposer les réglements de la société de manière qu'on ait à payer plus les premières années que les dernières, afin qu'on soit intéressé à entretenir la bonne harmonie dans cette association, pour ne pas perdre le fruit de ses avances. Je reviendrai plus tard sur cet objet, en traitant des moyens de faire de cette association une espèce de caisse de prévoyance.

La vanité.

La vanité, qui est le désir de l'approbation, le désir des honneurs, pourra être utile aussi à la prospérité de cette association. Celui chez lequel cette faculté sera dominante s'efforcera par son zèle à obliger la société de ses soins et de ses travaux en diverses parties pour mériter l'approbation de ses co-associés, et obtenir leurs suffrages afin de s'élever aux grades honorifiques. Chaque associé devra s'occuper de deux ou plusieurs objets qu'il aura choisis d'après ses goûts et ses connaissances pour la bonne administration de la maison. Il en résultera plusieurs avantages, parce qu'on voudra que la partie dont on s'occupe soit la mieux gérée, et que l'on désirera mériter le plus d'éloges, lesquels seront donnés publiquement aux assemblées périodiques qui auront lieu chaque mois pour cet examen.

On évitera tout sujet de jalousie. A table, chacun est servi le premier à son tour. Aujourd'hui à moi, demain à toi. C'est ainsi que messieurs les officiers des Invalides en agissent à leurs tables communes.

Je sais que la différence d'opinions politiques peut être une cause de division ; on affectionne ou l'on déteste un gouvernement, suivant qu'il a servi ou froissé nos intérêts, blessé notre vanité. Un homme sage s'attache à l'association qui lui donne les moyens de réparer ses pertes, puisqu'avec moins de fortune, il aura les mêmes jouissances qu'autrefois ; il sera donc intéressé à respecter l'opinion des autres, qui par leur présence contribuent à son bien-être. On n'est souvent très exalté dans son opinion que parce qu'on ne lit que son journal. Ici, comme on en aura plusieurs, on deviendra un peu moins partial et exclusif. Je voudrais que dans tous les lieux de réunion on vît ce vers écrit en gros caractères :

Qui discute a raison, mais qui dispute a tort.

Si l'on veut de l'union, on doit surtout repousser ceux qui se plaisent à médire et à calomnier.

L'amour.

Graves censeurs du sexe. . . . .

. . . .

Ah ! si par ses talents il ne peut vous charmer,
Ses services, du moins, sauront vous désarmer.

LEGOUVÉ. *Le Mérite des Femmes.*

Au déclin de ses jours le vieillard austère
Retrouve encor des pleurs en parlant de sa mère.

FLORIAN.

Une vérité dont il faut se convaincre, c'est que le plus intelligent en ménage aura le plus apporté à la communauté

Les dieux, ô ma femme! me semblent avoir bien réfléchi avant d'unir les deux sexes pour leur bonheur réciproque. Un avantage de cette union est de se procurer des soutiens de sa vieillesse.

XÉNOPHON. *Economiques*, chap. VII.

Je sais qu'en admettant les femmes, je jette peut-être quelques semences de discorde. Hélène fut cause de la guerre de Troie. Pour un Français il n'est pas de société agréable dans le monde quand les sexes ne sont pas mélangés. En admettant les femmes, c'est rendre l'association mille fois plus attrayante ; d'ailleurs leurs conseils, leur expérience et leurs soins sont de la plus grande utilité dans un pareil établissement, et ne peuvent que contribuer à sa prospérité.

Ne devant pas être admises avant trente-cinq ans, et il est probable que presque toutes celles qui se présenteront seront du mauvais côté de la quarantaine, il ne peut pas être question ici de séduction de jeunes personnes sans expérience ; les hommes ayant aussi trente-cinq ans et plus, l'âge des folies est passé. Si un homme raisonnable veut jouir de tous les charmes que l'amitié peut offrir, il faut qu'il obtienne celle d'une femme d'un certain âge. On doit rendre cette justice au sexe féminin, qu'il est susceptible, sous ce rapport, d'un dévouement dont les hommes sont rarement capables au même degré.

L'organisation de la femme la porte bien plus à l'amitié qu'à l'amour physique ; il y a en tout exception, mais elle confirme la règle. Ceux qui connaissent le système du docteur Gall, aujourd'hui reconnu si vrai, sont convaincus de cette vérité.

On a dit : Qui trouvera la femme forte ? « Mulierem fortem quis inveniet ? » Moi je réponds : Heureux ! mille fois heureux celui qui a trouvé une femme aimable et spirituelle dont il possède l'amitié !

Je ne puis me refuser au plaisir de placer encore ici quelques-uns des beaux vers de Legouvé :

C'est la pure amitié, tendre sans jalousie ;
Des hommes qu'elle enchaîne elle charme la vie ;
Mais auprès d'une femme elle a plus de douceur.
C'est alors que d'amour elle est vraiment la sœur.
C'est alors qu'on obtient ces soins, ces préférences,
Ces égards délicats, ces tendres complaisances
Que les hommes entre eux n'ont jamais qu'à demi.
On a moins qu'une amante, on a plus qu'un ami.
Est-il quelques projets que votre esprit enfante,
Vous aimez qu'une femme en soit la confidente
Elle pèse avec vous, dans un commerce heureux,
Ce qu'ils ont de certain, ce qu'ils ont de douteux.
Etes-vous tourmenté d'une peine profonde,
C'est un charme à vos yeux qu'une femme y réponde.
Elle prend mieux le ton qui calme les douleurs,
Son œil aux pleurs d'autrui sait mieux rendre des pleurs,
Et son cœur que jamais l'égoïsme n'isole
Dit mieux au malheureux le mot qui le console.
Bon La Fontaine, ô toi qui chantas l'amitié,
Avec La Sablière ainsi tu fus lié.
. . . .
Tels sont d'un sexe aimé les différents bienfaits.

Les hommes, pour prouver combien ils attachent de prix à l'adjonction des dames, consentiront à ce que celles-ci paient moins, soient servies les premières, et logées dans le quartier le plus agréable.

Quand une femme n'aura pas été choisie pour rectrice, elle devra nécessairement être premier adjoint, et le plus souvent la première place lui sera donnée. On a toujours vu, dit Charles Fourier, depuis Sémiramis jusqu'à Catherine, sept grandes reines pour une médiocre; c'est parce qu'elles sont dirigées par les hommes, disent les mauvais plaisants; l'on ne pourrait du moins leur refuser le tact exquis de bien choisir leurs conseils. Malheureusement, dans notre état social, tel qu'il est organisé, on ne permet à leur ambition de s'exercer que sur des futilités. On sait qu'en leur montrant un but, elles trouvent mieux que les hommes les moyens de l'atteindre. Il s'agit donc seulement de leur donner un grand but. Dans l'état actuel de la société, et dans nos ménages morcelés, l'immense quantité de détails dont les femmes sont obligées de s'occuper les empêchent de cultiver leur intelligence. Quelle reconnaissance ne devront-elles pas à Charles Fourier qui donne les meilleurs moyens d'organiser la société entière en ménages combinés? C'est lui qui sera le premier et le véritable émancipateur de la femme dans le sens moral et convenable à leur organisation.

Les femmes trouveront déjà dans notre Etablissement une partie des avantages du grand système d'association.

Malgré tous ces avantages, elles n'y viendront pas, dira-t-on. Moi, je soutiens le contraire. J'en connais plusieurs qui possèdent un nom historique, et qui m'ont dit qu'elles désiraient vivement un pareil établissement, dont elles feraient partie avec le plus grand plaisir. Dans toutes les pensions bourgeoises, dans les maisons de santé, ne voit-on pas les sexes réunis sans distinction d'âge? Là les chambres sont données au hasard; là point d'enquête antérieure sur la moralité, si ce n'est de savoir si on sera bien payé. Allez aux bains de Tivoli, aux bains de Bourbonne et autres, n'y voyez-vous pas toute la grande société y vivre dans un pêle-mêle qui n'admet point les sages précautions qu'on prendra dans notre maison? A Sainte-Périne, les deux sexes ne ont-ils pas réunis?

Un nouvel attrait les attirera de préférence dans notre maison, c'est qu'elles n'ont aucuns droits de maîtrise dans ces pensions, au lieu qu'ici elles prennent part à l'administration. Si la bonne fée nous a donné le véritable secret des femmes, ce qui leur fait le plus de plaisir, ce qu'elles aiment le mieux, c'est d'être les maîtresses au logis.

On donnera toutes les conditions de durée à cette société en exigeant de la sévérité dans l'examen de la moralité du récipiendaire; il devra être présenté par trois sociétaires qui auront pris toutes les informations, et on ne sera reçu qu'après avoir été accueilli par les sept-huitièmes des suffrages. Si quelqu'un manquait à l'honneur, si quelqu'un des associés donnait des preuves d'immoralité, il serait renvoyé.

Je dirai à cette occasion que l'opinion de la majorité fait loi; une fois le réglement adopté, il faudra pour le changer que les trois quarts des membres le veuillent, et que la demande en ait été faite un mois d'avance par trois membres.

Le trésorier ou agent chargé de la comptabilité.

Parmi les gages de durée, on doit compter les sages précautions qu'on aura prises pour la bonne gestion des fonds et pour leur sûreté. Un trésorier, payé par l'association, sera tenu de fournir une caution, soit en argent, soit en immeubles, pour les fonds qu'on laisserait à sa disposition; dans le cas d'immeubles, le cautionnement devrait être double; et, dans tous les cas, les sommes laissées à sa disposition ne sont pas assez fortes pour que l'existence des sociétaires soit compromise. Le reste des fonds sera déposé à la banque de France, et ne pourra être retiré par le trésorier que sur le bon signé par le recteur et un membre du conseil faisant partie de la commission des fonds. Tous les mois, la commission des fonds examinera la comptabilité, et vérifiera l'état de la caisse. Je ferai observer que cette comptabilité sera facile à tenir, parce que les achats se feront presque tous en gros, parce que le trésorier ne sera jamais chargé des achats, parce qu'il ne devra payer que sur le vu du recteur ou de la rectrice; ce qui pourrait la compliquer, ce serait le cas où l'on ouvrirait un compte à chaque associé pour les petites avances que la maison lui ferait, pour ses provisions de vin ou autres objets. Ce sera le sujet d'un réglement particulier.

La Bibliothèque.

Il y aura deux espèces de livres : ceux appartenant à la maison, et ceux déposés par les associés. Ceux-ci ne pourront jamais sortir de la bibliothèque où ils devront être lus, ainsi que ceux appartenant à la maison qui auront beaucoup de valeur.

Le bibliothécaire, étant payé, sera responsable, et devra fournir caution ; par cette sage disposition, les sociétaires se feront un plaisir d'y déposer les ouvrages dont ils sont propriétaires. S'il y a deux cents actionnaires, et que chacun possède dix volumes (qui n'a pas dix volumes au moins), cela ferait de suite deux mille. Je connais une personne qui possède un aussi grand nombre d'ouvrages ; elle ferait partie d'une pareille société, et mettrait ses livres avec plaisir à la disposition de ses associés.

Fondation de la maison.

La mise de fonds et la dépense annuelle sont proportionnelles aux fortunes qu'on veut réunir, et au pied sur lequel on veut monter la maison. On conçoit que cela est susceptible d'une foule de modifications ; il peut y en avoir où l'on se contentera d'une bonne soupe, d'un excellent bœuf et d'un plat de légumes ; d'autres où l'on voudra avoir plusieurs entrées, entremets, hors-d'œuvre, rôti, dessert. Il y aura d'autant plus d'économie relativement qu'on voudra vivre plus splendidement, si on compare cette dépense à celle qu'on ferait chez soi en voulant vivre de la même manière.

L'expérience m'ayant appris que c'est dans la classe moyenne qu'on fait adopter le plus promptement les inventions économiques, je vais proposer un mode d'organisation qui peut convenir aux personnes de cette classe dans laquelle on range à Paris les célibataires qui peuvent dépenser chaque année de 2 à 6,000 francs. Comme on sait que les grandes passions font taire les petites, il y a tel avare très riche qui sera bien aise de venir faire des économies dans cette maison. Après la mort récente d'une dame, dans l'hospice de Sainte-Périne, où le prix de la pension est si modique (600 francs), on a trouvé dans sa cassette 300,000 francs.

La première chose à penser, serait de trouver et de réunir ensuite, pour s'entendre, les personnes qui voudraient adopter ce mode d'existence ; voilà la plus grande difficulté, car il y a des milliers de personnes à qui cela convient. Nous aviserons plus loin à obtenir cette réunion.

En se réunissant beaucoup, et comme je l'ai prouvé, il y aurait de grands avantages. Il faudra bâtir, car il n'existe pas de maison convenablement disposée pour l'établissement proposé. Toutes nos maisons sont disposées pour le ménage isolé et non pour les ménages sociétaires. Il faut un grand espace; il est donc nécessaire de se placer aux lieux où les terrains, les matériaux pour construire et les denrées de première nécessité sont le moins chers, puisque le principal but est de vivre au meilleur compte possible. Il faut donc se placer hors Paris pour n'avoir point à payer les droits d'octroi, qui sont considérables. Il y a surtout deux endroits très favorables pour cet objet, l'un est entre les barrières de l'Etoile et du Roule, en raison des facilités que donnent les nombreuses voitures publiques qui passent par ces deux barrières pour se transporter, moyennant 6 sous, dans presque tous les coins de Paris, les Algériennes, les Omnibus, les Carolines, les Courbevoisiennes, etc. On aurait pour promenades quand on voudrait sortir de son jardin, les boulevards extérieurs, le bois de Boulogne ou les Champs-Elysées. L'autre point est entre les barrières de l'Ecole militaire et la barrière de Sèvres. Ce point, comme très peu éloigné du centre, conviendrait parfaitement aux personnes qui ont fréquemment besoin à Paris, et surtout aux employés dans les bureaux, une grande partie des ministères se trouvant dans le faubourg Saint-Germain. Les Favorites, les Parisiennes, les Tricycles, les Meudonnaises offrent dans cette position toutes les facilités possibles pour se faire transporter où l'on veut. On aurait pour promenades les boulevards intérieurs et extérieurs, le Champ-de-Mars, les bords de la Seine. Cet emplacement donnerait encore la facilité de ne bâtir d'abord que les lieux de réunion, car on trouverait facilement à se loger, et même à très bon marché, à Vaugirard(1). Déjà une grande quantité d'employés logent dans cette ville. J'ai quelque pressentiment que ce sera cette classe de la société qui commencera ce genre d'établissement : d'abord, parce que c'est une classe de la société où la civilisation est très avancée, et que le besoin des associations suit la marche de la civilisation ; ensuite parce que les employés ayant des revenus fixes et en général assez modiques, ils ont besoin

(1) Les Batignoles ou les Ternes, à la barrière du Roule, offriraient le même avantage, mais les loyers y sont plus chers.

de beaucoup d'ordre et d'économie, non-seulement pour tenir leur rang dans la société, mais encore pour se ménager quelques ressources d'avenir; enfin, parce qu'il y a beaucoup de célibataires parmi eux.

Si on ne veut qu'une réunion beaucoup moins nombreuse, comme serait une ou quelques douzaines de personnes, on peut se placer où l'on voudra dans Paris, parce qu'on trouvera facilement un grand local avec jardin convenable pour une pareille association. Je répète ici qu'il y aura beaucoup moins d'avantages que si elle était très nombreuse, moins de gages de durée, une administration moins bonne.

Si un homme riche bâtissait une maison convenable, et qu'il fît ensuite un appel à ceux qui voudraient venir la louer et y vivre en commun, il aurait bientôt trouvé des locataires; il pourrait ainsi retirer un gros intérêt de ses fonds, tout en faisant une action éminemment utile à la société; mais il n'en sera rien; on voit trop rarement des hommes qui veulent laisser des traces honorables et durables de leur passage sur la terre. Ceux qui ont la volonté, n'ont pas la puissance, et ceux qui ont la puissance, n'ont pas la volonté ou le savoir. Quand verra-t-on une femme riche faire bâtir une maison pour y loger sainement de pauvres veuves avec leurs petits enfants? Maintenant ces malheureuses familles habitent des endroits bas, humides, peu éclairés, ce qui nécessairement rend rachitiques et scrofuleux les jeunes êtres qu'on y élève. On donne aux hôpitaux, il vaudrait bien mieux fournir les moyens de ne pas y aller. Quand verra-t-on un général bâtir une maison pour y loger gratuitement et exclusivement d'anciens officiers qui viendraient y vivre en commun? Combien sa mémoire y serait bénie! Quand établira-t-on enfin une maison d'invalides civils pour y placer des artistes ou des savants malheureux?

On voit trop rarement des Monthion, des Boulard, des Bresin, des Villas, des Daligres; encore les quatre premiers n'ont-ils disposé de leur fortune que par testament, et assez mal. Je pourrais citer surtout Boulard qui a laissé des millions pour loger et nourrir douze ouvriers tapissiers, qui demeurent dans un palais.

Cherchons donc en nous-même les forces nécessaires pour arriver à notre but. Deux cents personnes de fortune moyenne sont réunies et adoptent le projet de vivre en commun (à Paris il y a des milliers d'individus à qui cela convient, et qui sont persuadés des avantages qu'ils y trouveraient). Il faut, se dira-t-on, pour l'achat de quelques arpents, pour bâtir la maison et pour tous les frais d'installation, un million de francs, qui, divisé par 200, donne 5,000 fr. pour la mise de chaque sociétaire. On pourrait très probablement dépenser beaucoup moins en s'établissant cependant d'une manière très confortable. Je ferai observer que c'est hors barrière où il n'y a pas de droits d'octroi sur les matériaux; on n'établit pas de caves sous le bâtiment, sinon de petites pour la conservation des vins fins; de bons celliers établis dans la cour suffiront. Cependant j'ai jugé utile de demander un million, parce qu'ayant fait beaucoup bâtir, je sais combien il est malheureux d'être trompé dans ses prévisions. Voici comment j'en fais l'emploi : je destine 120,000 francs pour l'achat du terrain, 80,000 francs pour tous les frais d'installation et achat du mobilier commun; je dis commun, car chaque personne sera obligée de fournir le mobilier de sa chambre, et ce qui est pour son usage personnel à table.

Il reste 800,000 francs pour bâtir les communs et le logement des sociétaires, ce qui suffit et au-delà.

Il se présentera sûrement beaucoup de personnes, et même riches, qui n'auront pas cette somme disponible. Trouvera-t-on des sociétaires qui voudront avancer des fonds, sauf à en retirer un haut intérêt par la location (1) ? Je crois qu'on les placerait facilement à 15 pour 0/0 par an, car il ne sera pas difficile de louer 6 à 800 fr. par an un logement qui donne tant d'agrément et tant de jouissance. Le mien me coûte le double à Paris, et n'offre pas la vingtième partie des avantages qu'on trouverait ici. On placerait ses fonds d'autant plus sûrement qu'on ferait un bail avec le locataire, de la moralité et de la solvabilité duquel on s'assurerait d'avance. Il y a plusieurs autres motifs de sécurité pour le placement de ses fonds. Dans la somme annuelle exigée de chaque individu pour les dépenses communes, on prélève 100 francs qui sont mis en réserve, et comme la maison fournit à chacun des sociétaires les objets nécessaires à sa consommation particulière en gagnant quelque argent sur chaque objet, quoiqu'en fournissant de première qualité et à meilleur marché que le sociétaire ne

(1) Tel sociétaire qui aura trop de meubles pourra en louer à ceux qui n'en ont pas.

pourrait l'acheter ailleurs, parce qu'elle achète en gros et de première main ; toutes ses petites sommes réunies augmenteront considérablement le fonds de réserve ; il en résultera que la maison sera bientôt en état de rembourser les sommes empruntées. Les sociétaires payant les 5,000 francs pourraient aussi exiger que chacun fût obligé d'apporter au moins 1,000 francs. Il faudrait aussi que plus de la moitié des sociétaires eût versé ses 5,000 francs, enfin le prêteur aurait de plus pour gage de la somme prêtée la maison et le terrain, mais ne pouvant exproprier pendant que la maison lui paiera 5 pour 0/0 d'intérêts pour les fonds prêtés. Au surplus, toutes les combinaisons financières ont besoin d'être examinées par les intéressés.

Il y aura très probablement des sociétaires aisés qui, pour faciliter l'admission de leurs amis, leur feront, sinon gratuitement, du moins aux conditions les plus avantageuses, l'avance de ces 5,000 francs. Il y a tel artiste, tel savant ou tel homme de lettres à qui j'offrirais moi-même un tel avantage, dans le but de donner plus de relief à cette société, et la rendre plus agréable ; mais il y en a un surtout que j'appelle de tous mes vœux, et pour lequel je ferais tout ce que mes moyens me permettraient de faire pour l'obtenir. Pour le désigner, il suffit de dire que ses œuvres sont dans la chaumière comme dans les palais, qu'il est l'homme le plus généralement connu et le plus estimé, soit par ses talents, soit par son grand caractère. Je sais qu'une aussi grande réunion pourrait effrayer un homme qui aimant la retraite s'est isolé en quittant la capitale, ce qui n'est point étonnant, car le génie ne trouve ses inspirations que dans la solitude; et quand on a une conscience aussi pure et aussi désintéressée que la sienne, je conçois qu'on doit avoir du plaisir à se faire souvent des *visites intérieures* (pour me servir de la belle explication du sourd et muet, Massieu, lorsqu'on lui demandait : Qu'est-ce que réfléchir)? Je lui ferais observer que la première et la plus importante des conditions de cette association, et sans laquelle je ne voudrais pas moi-même en faire partie, c'est qu'on pourra vivre aussi isolé qu'on le voudra; c'est que quand on y aura fait une marque convenue sur la porte, on sera aussi en sûreté contre les attaques de l'importunité que dans la forteresse la plus inexpugnable. Je lui dirais encore à lui qui est si populaire, si ami de l'humanité : Cette réunion proposée doit être le germe et le commencement de réunions bien plus nombreuses et bien plus importantes, qui doivent avoir de si grands résultats pour le bonheur du peuple ; venez donc par votre accession et votre présence rendre cette société plus agréable et plus brillante. Voilà ce que je dirais à notre poète national.

Si on ne trouvait que moitié des fonds nécessaires, on pourrait alors ne bâtir que les lieux de réunion, et les sociétaires se logeraient provisoirement dans les environs jusqu'à ce qu'on ait trouvé le moyen de bâtir les logements individuels, ce qui pourra se faire partiellement, au fur et à mesure qu'on trouvera, soit par emprunts, soit par économie, à réunir 40 à 50,000 fr. Je dirai à cette occasion que si quelques sociétaires aisés veulent se construire dans le jardin quelques petites maisonnettes, du prix de 5 à 6,000 francs, comme cela à lieu à Sainte-Périne, ils en auront la faculté, le lieu et le plan étant désignés par l'architecte ; ces maisons ne pourront être occupées que par des sociétaires ; elles ne devront point rester vacantes, et ne seront jamais distraites de la grande maison. On pourrait aussi bâtir ces maisons *extra muros* avec portes de communication dans le jardin ; alors le sociétaire en disposerait à sa volonté, mais en fermant toute communication.

Dans ce dernier cas, j'y vois un placement de fonds avantageux : une pareille maison serait revendue avec beaucoup de bénéfice à un sociétaire aisé, et notamment à un ménage sans enfants.

La cotisation annuelle est de 900 francs ; voici comment on les divise : on prélève dès le commencement de l'année et au moment où l'on s'installe 100 francs, c'est le fonds d'amortissement pour éteindre la dette ou autres usages dont il sera question. Les 800 francs restant se paient par trimestre, et d'avance ; ainsi donc, le premier trimestre sera de 300 francs, et les trois autres, chacun de 200 francs. Les 800 francs ont la destination suivante : 400 francs sont pour le dîner sans vin, sans café et sans dessert ; ceux qui en voudront en feront prendre pour leur compte au café-restaurant, et les 400 francs restant, qui donnent 80,000 francs, sont destinés à payer les contributions, les réparations, les appointements d'un médecin qui viendra chaque jour, l'entretien du jardin, les paiements du trésorier, du bibliothécaire, des employés et des domestiques, le combustible pour la préparation des aliments, le chauffage et l'éclairage des lieux de réunion, l'augmentation de mobilier, l'achat de livres ; enfin, soit pour se procurer des plaisirs et des récréations en commun, soit en parties de campagne, soit en chevaux, soit en voitures, et c'est ainsi que ces 80,000 francs sagement administrés pourront donner des jouissances qui ne sont connues que de l'homme très opulent. On pourrait exiger 100 francs de moins, mais alors il faudrait probablement faire payer à part plusieurs dépenses qui sont ici comprises dans les frais généraux, tels que le blanchissage, les bains, la jouissance du billard, ce qui aurait bien aussi ses avantages, mais cela complique la comptabilité.

Institution de prévoyance et d'avenir.

Puisses-tu devenir vieux et gueux, telle est l'imprécation que vocifère l'enfant de Moïse à son ennemi.

Notre bon La Fontaine, qui sans madame de la Sablière eût été bien cruellement victime de son insouciance pour l'avenir, avait cependant fait cette jolie fable de la Cigale et la Fourmi :

Que faisiez-vous cet été ?
Je chantais. Hé bien! dansez maintenant.

On vient de voir qu'avec 5,000 francs on a pu se procurer pour sa vie un logement et toutes les jouissances d'une habitation qui coûterait cinquante fois plus si on voulait jouir isolément des mêmes avantages. La maison payée, on fera encore des économies, parce qu'il faut autre chose pour l'homme que le logement; ainsi, dans les 900 francs qu'on paiera chaque année, il y aura 100 francs de mis en réserve pour améliorer son avenir; seront également en réserves les 10 pour 0/0 de bénéfice, établis sur la revente que la maison fera à chaque consommateur. Honneur aux personnes qui ont établi chez nous les caisses d'épargnes; elles ont rendu un grand service à l'humanité! Il y a tant de gens qui ne peuvent résister aux tentations et aux caprices du moment, surtout à Paris, qu'il leur est impossible d'être détenteurs de sommes un peu considérables.

Quand un sociétaire mourra, celui qui le remplacera sera obligé de payer les mêmes sommes, et de la même manière que celui qu'il remplace, à moins qu'on ne trouve plus avantageux de demander une cotisation annuelle, qui pourra par suite être d'autant plus forte que la somme de bien-être augmentera graduellement dans cette maison (c'est ainsi que les francs-maçons font payer la bien-venue). Il y aura aussi quelques bons camarades dont la libéralité laissera de bons souvenirs. Toutes ces sommes seront placées sûrement et avec les intérêts et intérêts des intérêts; elles ne tarderont pas à devenir considérables.

Une maison de grande consommation, qui a des capitaux à sa disposition, peut en tirer souvent un intérêt énorme. Dans les années de grande abondance, on fait provision de vin pour longtemps. Après un hiver très doux, on fait provision de combustibles; et tout en achetant à bien bon marché, on rend souvent un grand service au marchand de bois ou de charbon qui a compté sur une vente ordinaire pour faire honneur à ses engagements. Le tiers des sommes économisées sera destiné à venir au secours des sociétaires qu'un revers de fortune inopiné aurait atteints. Qui peut se croire exempt de ces revers? Théocris, roi d'Espagne, et Bélisaire ont demandé l'aumône; Marie de Médicis, mère de Louis XIII, et la mère de Louis-Philippe ont aussi connu le malheur et la détresse.

Un tiers pourra être prêté à des maisons qui voudraient s'établir sur la même base.

Puisse notre association servir d'exemple au

petit rentier qui a tant besoin d'économie! Ce qui retardera malheureusement l'époque de pareils établissements, c'est que nos maisons, toutes bâties pour le ménage isolé, ne peuvent pas convenir aux grandes réunions. Voilà une des principales causes pour lesquelles un homme animé du désir d'être utile à l'humanité, M. Galabert, n'a pas réussi dans le projet qu'il forma, il y a plusieurs années, de réunir quatre à cinq cents rentiers ayant 1,000 francs de revenu. Il faut là, comme ailleurs, que ce soit l'homme riche ou grandement aisé qui donne l'exemple.

Enfin, par l'effet des économies qu'on fera dans l'association que je propose, il arrivera une époque où l'on pourra graduellement diminuer la mise de fonds sans diminuer ses jouissances ; ainsi tel individu qui aura payé 900 francs par an à trente-cinq ans, ne paiera rien à soixante ans pour être bien logé et très bien nourri.

Je connais telle opération financière, telle entreprise industrielle d'une très facile exécution qui permettrait d'atteindre ce but bien plus promptement. Je vais citer un exemple. La maison a besoin de deux cents barriques de vin de Bordeaux, elle en demande quatre cents à son correspondant ; il est d'autant plus probable que les deux cents sociétaires trouveront à placer ces deux cents barriques chez leurs amis ou connaissances avec un boni de 20 francs par barrique, qu'on le paiera encore et moins cher et plus pur que chez les marchands de vin de la capitale; c'est 4,000 francs de bénéfice sur ce seul article. J'observe que ce genre de spéculation ne se fera qu'avec les fonds de réserve et avec toute sécurité, car les ventes se feront au comptant.

On trouvera sûrement ici avec plaisir des détails sur une association qui a eu les plus faibles commencements, et qui a eu des résultats brillants.

On cite une association, à Brighton, composée de deux cents personnes dont la cotisation était de la modique somme d'un schelling (1 fr. 25 c.) par semaine. Cependant, en employant chaque versement à l'achat en gros d'objets nécessaires à leur consommation journalière, qu'ils payaient au prix de détail, ils eurent au bout d'un an un fonds commun de 40,000 francs ; ce fonds servit alors à l'achat de matières premières dont la mise en œuvre occupa une partie des associés. Leur travail était payé au prix courant, et les bénéfices provenant de la vente des objets confectionnés étaient constamment ajoutés au fonds commun qui, par ces accumulations progressives, devint dans l'espace de quelques années suffisant pour acheter une propriété territoriale où l'association entière peut résider et fabriquer elle-même la plupart des produits agricoles et industriels dont elle a besoin. C'est ainsi que des hommes qui n'avaient qu'une existence pénible sont parvenus à une aisance qu'ils n'auraient jamais acquise dans leur état d'isolement.

(Extrait du journal le *Bon Sens*, du 31 août 1834.)

Qu'on juge, d'après ce fait, à quel degré de splendeur et d'opulence pourrait arriver une association telle que je la propose.

Avis utile pour la construction de la maison.

Pas d'association sans une nouvelle architecture. Autrement il faut nier l'influence du milieu extérieur. JULES LECHEVALIER.

On ne construit plus de ces cheminées funestes dont la ruine menaçait chaque passant. Les toits n'ont plus cette pente gothique qui au moindre vent faisait glisser les tuiles dans les rues les plus fréquentées. Nous montâmes au haut d'une maison par un escalier où l'on voyait clair. Quel plaisir ce fut pour moi qui aime la vue et le bon air, de rencontrer une terrasse ornée de pots de fleurs et couverte d'une treille parfumée! Le sommet de chaque maison offrait une pareille terrasse, de sorte que les toits, tous d'une égale hauteur, formaient ensemble comme un vaste jardin, et la ville aperçue d'une tour était couronnée de fleurs, de fruits et de verdure.

MERCIER. *L'an* 2240.

Comme j'ai beaucoup fait bâtir, je puis donner de bons conseils; je pourrais même tracer un excellent plan de cette maison, y ayant longtemps réfléchi, en faisant observer qu'il y a des avantages qui s'excluent, et que le plus habile architecte est celui qui, dans un but déterminé, tire le meilleur parti du terrain, des sommes et des matériaux qui sont mis à sa disposition. Je donnerai seulement ici quelques vues d'amélioration pour la construction de nos habitations, et sur quelques applications qu'on pourrait faire des sciences physiques pour les rendre plus saines, plus durables, plus agréables et plus commodes.

Si on veut rendre une maison la plus saine, la plus chaude l'hiver, la plus fraiche l'été, elle devra avoir un double mur avec quelques pouces d'intervalle, celui d'intérieur sera en briques comme ne pouvant se salpêtrer, et parce qu'une épaisseur de quatre pouces suffit pour ce mur intérieur. On établira de doubles croisées à chaque fenêtre, comme cela se pratique en Russie, ou plus simplement comme je l'ai établi dans mes fabriques à Vaugirard et dans ma maison de détail, rue de l'Arbre-Sec; une simple croisée avec doubles carreaux, et un pouce d'intervalle entre chaque carreau. Pour cela, il suffit d'établir une double feuillure en dehors et en dedans dans le chassis en bois. Pour obtenir le même résultat dans les anciennes croisées, on y cloue une petite languette en bois. Pour faire mieux juger les avantages par la comparaison, je n'ai fait disposer ainsi qu'une partie des croisées. Dans les grands froids, les carreaux simples sont ou mouillés ou couverts de glaçons; les carreaux doubles sont toujours secs et diaphanes. La construction sera un peu plus chère, mais plus tard on recouvrera dix fois cette dépense par l'économie du combustible. L'air confiné ou renfermé étant très peu conducteur du calorique, il faudra moitié moins de combustible pour chauffer cette habitation pendant l'hiver. Dans l'été, le calorique du dehors y pénétrant plus difficilement, en fera une habitation plus agréable. C'est le cas de répéter, avec Charles Fourier, que les civilisés ne savent pas se loger. On pourrait remplacer les persiennes ou les jalousies par une invention moins coûteuse, et que j'ai vue chez M. le comte de Rumfort, dans sa maison d'Auteuil; c'est un auvent placé au-dessus de la croisée, avec une telle inclinaison qu'elle laisse entrer dans la chambre les rayons obliques du soleil d'hiver sans permettre ceux d'été qui tombent perpendiculairement.

Si on veut rendre cette maison très difficilement combustible, pour ne pas dire incombustible, c'est de faire tremper tous les bois qu'on y emploiera dans une dissolution saturée de sel marin, ou mieux de couperose verte, sulfate de fer. Qu'on fasse tremper dans une pareille solution des rubans de menuisier, et lorsqu'ils seront parfaitement secs, qu'on les jette dans un brasier ardent, on verra avec étonnement qu'ils ne s'enflamment plus instantanément, et ce ne sera qu'après un temps assez long qu'on parviendra à les incinérer sans flamme. Il y a trente ans, dans une petite cour, rue Galande, chez M. Fouques, blanchisseur bertolien, on a pu voir une cheminée de vingt à trente pieds de haut, formée de quatre planches de sapin; elle recevait la fumée de deux grands fourneaux de la blanchisserie; elle a servi plusieurs années, pendant tout le temps que M. Fouques a demeuré dans ces lieux. Il me fit connaître, lorsque je lui manifestai mon étonnement, les précautions qu'il avait prises contre l'inflammabilité.

Je conseille aussi les toits plats avec jardin au-dessus. J'en ai établi ainsi dans mes fabriques, il y a plus de douze ans, et je m'en applaudis beaucoup. Il en résulte d'immenses avantages si on les compare aux toits ordinaires en tuile ou ardoise :

1° Il y a plus de garantie contre les incendies, puisque c'est presque toujours par les toits que les grands incendies se communiquent, et ici la masse de terre qui se trouve sur la maison empêcherait la communication. Si le feu prend dans une cheminée, on peut l'éteindre à l'instant en allant fermer la partie extérieure, ce qui est alors très facile. Le ramonage devient aussi très aisé ;

2° On a un étage carré au lieu d'un demi-étage, comme dans nos mansardes ;

3° Cet étage est moins coûteux, parce qu'on gagne la maçonnerie des pignons ;

4° Les frais de réparation de couvertures, qui sont souvent si coûteux, ne sont rien ou presque rien ;

5° La maison offrant moins de prise au vent est moins ébranlée ;

6° On a une promenade et souvent une vue fort agréable du haut de la maison, où il est si doux d'aller dans les belles soirées d'été respirer un air plus frais et plus sain ;

7° Les cheminées et les tuiles ne tombent pas sur les passants ;

8° On peut rendre facilement ces appartements supérieurs chauds en hiver et frais en été, au contraire de ceux qui, sous nos toits, sont des glacières pendant l'hiver et des fournaises pendant l'été ; il suffira d'établir entre les solives une couche d'air confiné, d'un pied d'épaisseur ; et ici ces solives pourront être deux planches accolées l'une à l'autre et posées sur champ. L'effet sera plus grand si en dessus et en dessous on pose deux planchers, car le bois est aussi peu conducteur du calorique ; c'est sur le plancher supérieur, qui aura été bitumé et sablé, qu'on clouera des planches de zinc, de cuivre ou de tôle qu'on pourrait faire galvaniser, et qu'on recouvrira de six pouces à un pied de terre.

On commence à faire des toits plats, mais on fait beaucoup de fautes ; la plus grande est d'employer du zinc sans le recouvrir de terre. On ne sait donc pas que le zinc est très combustible, et que les dangers sont beaucoup plus grands en cas d'incendie ; c'est de la limaille de zinc qu'on met dans les fusées, et qui en brûlant donne cette flàmme si brillante. En ne recouvrant pas ces métaux, souvent leur dilatation varie brusquement, ce qui occasione des déchirures, et par conséquent des frais de réparations très fréquents. Il en résulte un inconvénient assez grave, c'est que cette succession rapide de chaud et de froid fait que les bois qui sont renfermés sous ces toits de métal, alternativement mouillés par l'eau que l'air refroidi abandonne, et desséchés par l'air fortement échauffé, s'altèrent promptement. On sait que les bois constamment dans l'eau ou constamment secs durent des siècles, c'est pour cela que j'ai conseillé de rendre ces bois non hygrométriques en les saturant de sulfate de fer, sel efflorescent qui n'attire pas l'humidité de l'air. On peut aussi, pour le même objet, employer la peinture au lait qu'on recouvre de sable fin avant sa dessiccation.

M. Schwickardi, architecte ingénieux, établit bien ces toits plats, qu'on peut appeler toits babyloniens. On peut en voir dans sa maison à Passy, rue de la Pompe, n° 4, qui sont recouverts de jolis berceaux et de belles plantes. On peut voir aussi chez lui des solives en tôle, pour lesquelles il est breveté. Ces solives, outre l'avantage d'être moins coûteuses, d'offrir toute sécurité contre les incendies, supportent des poids beaucoup plus lourds que les solives ordinaires en bois, ce dont on s'est assuré par de nombreuses expériences. Cette invention le place dans mon opinion au nombre des bienfaiteurs de l'humanité.

Parlerai-je maintenant des cheminées? Si on eût donné ce problème à résoudre : brûler le plus de combustible pour obtenir le moins de calorique au profit des appartements, c'eût été l'inventeur des cheminées telles qu'on les fait ordinairement qui eût remporté le prix. Il faut ajouter encore, à la charge de nos cheminées, qu'elles sont tout-à-fait désagréables et malsaines, puisqu'on gèle d'un côté pendant qu'on se grille de l'autre. Hé! messieurs les architectes, il est bien sans doute d'étudier vos colonnes d'ordre ionique ou corinthien; mais si vous aviez suivi quelques cours de physique, vous sauriez quel immense volume d'air il faut pour alimenter la combustion dans un foyer, puisqu'une livre de bois exige pour brûler douze à quinze livres d'air dont le pied cube ne pèse qu'une once deux gros. Si vos portes et fenêtres sont fermées hermétiquement, bientôt la fumée est repoussée dans l'appartement. Dans le cas contraire, combien vous m'affectez désagréablement par vos courants d'air froid ! Il vous serait si facile, lorsque vous bâtissez une maison, de percer dans la muraille un trou correspondant à un canal établi sous le plancher, dans lequel l'air nécessaire à la combustion arrivant du dehors viendrait se rendre dans des tuyaux métalliques placés dans la cheminée, et ce n'est qu'après s'y être échauffé qu'il entrerait dans l'appartement. Quant à l'économie du combustible, quoique divers physiciens s'en soient occupés, on est encore bien loin de la perfection, et de recueillir d'un combustible tout le calorique qu'il pourrait donner.

On n'en recueille encore qu'une faible partie. Franklin, Rumfort, le cardinal de Polignac, dans sa Mécanique du feu, excellent ouvrage, qu'il a publié sous le nom de Gauger, et, dans ces derniers temps, Jacquinet, ont beaucoup fait. J'ai moi-même été breveté d'invention pour une cheminée qui donnait une grande économie de combustible, et de plus offrait l'agrément d'avoir au contre-cœur un joli paysage qui ne pouvait jamais être terni par la fumée ; mais on ne réussira jamais à obtenir le maximum d'économie tant que l'on continuera à établir ces grands coffres de cheminées recouverts de nos glaces. Il faudrait dans cette partie trois tuyaux apparents ; on tiendrait ouvert celui du milieu quand on allumerait le feu. Le tirage bien établi, on le fermerait ; et après avoir fait circuler le plus possible les produits de la combustion, on les ferait entrer dans les colonnes latérales.

Si on bâtit la maison que je propose, il faudra que chaque logement ait une antichambre. C'est un avantage qu'on ne sait pas assez apprécier, et d'une nécessité absolue dans cette position.

Je ne quitterai point cet article d'architecture, sans faire remarquer que partout il y a vice dans notre organisation sociale : toujours l'homme aux prises avec sa conscience, toujours l'intérêt particulier en combat avec l'intérêt général. L'architecte à qui il est accordé 5 pour 0/0 sur les fournitures et les travaux, n'a-t-il pas intérêt à augmenter le plus possible la dépense? Combien de propriétaires ont été ruinés, victimes de leur trop grande confiance ; tel fut entre autres M. de Montholon, premier président du parlement de Rouen. Il avait autorisé par écrit son architecte à lui faire construire, à Paris, un hôtel, avec la recommandation, seulement verbale, de ne pas dépenser plus de cent mille écus. Quels ne furent pas son désappointement et sa surprise quand on lui présenta les mémoires qui se montaient à 1,400,000 francs? Je tiens ce fait d'un ami de M. de Montholon. Voici maintenant ce qui arrive tous les jours. On charge son architecte de régler les mémoires d'un fournisseur; je suppose que le mémoire présenté se monte en demande à 100,000 francs; si l'architecte est honnête homme, s'il agit d'après sa conscience, il réglera ce mémoire à 60,000 fr., en laissant 10,000 fraucs de bénéfices à l'entrepreneur; mais alors il ne lui sera alloué que 1,000 écus pour ses honoraires; s'il règle le mémoire à 80,000 francs, pour gagner 1,000 francs de plus, il en fera perdre 19,000 au propriétaire. Il sera d'autant plus tenté de succomber que l'entrepreneur lui proposera de partager ce bénéfice exagéré. L'architecte et l'entrepreneur ont-ils intérêt à ce qu'une maison dure plus de trente ou quarante ans? Ont-ils intérêt à adopter toutes les inventions qui rendront une maison incombustible, toutes celles qui présenteront les avantages de la commodité et de la salubrité si elles diminuent la dépense? Tous ces vices sociaux disparaîtront lorsque par de savantes combinaisons on unira tous les intérêts, lorsqu'on associera le capital, le talent et le travail, comme l'a proposé Fourier il y a plus de trente ans.

Dénomination de la maison.

Cette maison pourra porter le nom de *ménage sociétaire*. Sa devise sera : « Au meilleur emploi des hommes et des choses. » Puissent à son égard se réaliser les prévisions de Fourier; voici ce qu'il dit sur un établissement pareil à celui que nous proposons, et en parlant des Cercles ou Casinos qui pouvaient en donner l'idée :

« Casinos, germe de ménages progressifs.

» Cette petite invention pouvait renverser
» l'ordre civilisé si elle eût pris quelque exten-
» sion, et si on eût amené les Cercles au point
» de former ménages fixes pour les célibataires
» de divers âges avec gradation de fortune. Bien-
» tôt les associés d'un tel ménage se seraient

» aperçus que les passions tendent à subdiviser
» toute société en plusieurs groupes inégaux et
» rivaux. Après quelques essais de ce genre, on
» serait arrivé peu à peu à former la tribu à neuf
» groupes, où les rivalités se trouvent balancées
» et harmonisées. En voyant les agréments at-
» tachés à un pareil ménage, les femmes céliba-
» taires se seraient hâtées de l'imiter, et bien-
» tôt l'ordre civilisé eût été anéanti sans aucune
» secousse politique et au grand étonnement de
» tout le monde. »

Ceux qui ne connaissent pas les ouvrages et les découvertes de Fourier, pourraient être tentés de croire qu'en anéantissant ainsi l'ordre civilisé, on rentrerait dans l'état antérieur de barbarie ou de sauvagerie. Qu'on se rassure, Fourier ni moi ne voulons faire des pas rétrogrades; c'est pour marcher en avant, c'est pour arriver à un état plus avancé, à l'état harmonien.

Si je parviens à exécuter, avec le concours des rentiers et célibataires auxquels je m'adresse, l'établissement proposé dans cet écrit, nul doute qu'il ne soit le germe d'associations plus utiles encore pour le bonheur de la société, puisque, formées sur une plus grande échelle, elles auront pour but non-seulement la *consommation*, mais encore la *production*. Celle-ci sera plus que quadruplée, ce qui donnera le seul et véritable moyen de soulager la classe indigente.

CONCLUSION.

Intimement convaincu des avantages qu'on peut retirer des associations, j'ai médité longtemps sur les moyens à employer pour réaliser le bien-être qui doit en résulter. J'offre au public le tribut de mes méditations.

Combien de gens, dans les départements, désireraient pouvoir vivre à Paris en conservant les avantages qu'ils ont en province, et auxquels ils ne veulent pas renoncer, parce qu'ils en ont contracté une longue habitude ; tels que ceux d'une nourriture saine, abondante et délicate, de loyers moins chers, de domestiques plus fidèles, plus sûrs et moins coûteux ; mais l'état de leur fortune s'oppose à leurs désirs. Que peut-on faire à Paris avec 2 ou 3,000 francs de revenu?

D'ailleurs, ils craignent l'isolement s'ils y ont peu ou point de connaissances.

Combien de Parisiens, qui attachent un grand prix au plaisir de la table, et voulant concilier ces goûts avec leur fortune, vont vivre dans les petites villes; ils ne tardent pas à s'apercevoir qu'ils paient bien cher une heure ou deux de plaisir par l'ennui qui les dévore le reste du jour. Ils ne retrouvent plus dans la société cet atticisme, cette fleur d'urbanité, cette élégante simplicité, cette agréable aisance dont on jouit à Paris; mais un ton guindé, les préjugés de castes plus enracinés, l'esprit de parti plus violent et plus irascible, le joug de l'opinion dominante, soit religieuse, soit politique, l'intolérance qui ne vous permet pas de rester neutre dans les querelles ou les rivalités de famille, et ce désagréable caquetage de gens qui s'occupent chacun des affaires et des actions de son voisin. Ces personnes ne quitteront plus Paris ou s'empresseront d'y revenir quand elles connaîtront des établissements pareils à ceux que je propose.

Peut-on quitter Paris quand on aime les sciences, les arts et la liberté?

Je dois excepter de ma proscription quelques grandes villes de France, Lyon, Caen, Bordeaux, Dijon, et, contre l'opinion générale, presque toutes les villes de la ci-devant Bretagne.

Parce que La Fontaine a dit, dans une de ses fables :

> Quimper Corentin
> Où Dieu envoie les gens quand il veut qu'ils enragent,

on s'est fait une idée bien erronée de ce pays (je parle de l'époque actuelle); j'ai parcouru la France dans tous les sens, et j'assure que la plus petite ville de Bretagne, celle qui ne contient pas plus de deux mille âmes, est plus avancée en civilisation que la ville de Vaugirard qui touche Paris, et qui contient plus de huit mille habitants. Quelle ville en France, Paris excepté, pourrait le disputer à Nantes, à Rennes, à Brest, à St-Brieux, à Lorient, à Saint-Malo (1), à coup sûr ce ne seront pas les villes du midi? J'ai vu faire le fumier dans les rues de Manosque, ville natale de Mirabeau; ce ne sera pas Marseille où j'ai tremblé cent fois (quoique officier alors) en en-

(1) Cette ville a donné naissance aux trois écrivains les plus éloquents des temps présents : Chateaubriant Broussais et Lamennais.

tendant, dès neuf heures du soir, de toutes les croisées le terrible *passaresse*, ce qui veut dire passez vite....

Combien de personnes, qui craignent l'isolement, se résignent à vivre avec des individus dont elles ont à se plaindre, et pour lesquels elles n'ont pas de sympathie! Combien de pères et de mères éprouvent peu d'égards de leurs enfants avec lesquels ils vivent, et voient trop clairement que leur longévité est considérée comme un fléau! Il y a bien des gendres et des brus qui disent en leur cœur ce qu'un être immoral a eu l'impudeur de dire à sa mère : « On m'avait bien dit qu'il y avait un Père Eternel, mais on ne m'avait pas dit qu'il y avait des mères vivant éternellement. » Ces vieillards viendront dans notre établissement, où ils trouveront paix et *sécurité*.

L'homme qui quitte le commerce et les affaires trouvera ici la retraite la plus convenable à sa position; car, habitué à l'agitation physique et morale que demandait son état, s'il se livre sans réserve au repos, à ce *dolce fare niente*, bientôt l'ennui s'empare de lui; sa santé devient tous les jours plus mauvaise, et souvent il arrive qu'il meurt avant l'année révolue. S'il cherche à éviter ce malheur, il voudra faire quelques spéculations étrangères à ses connaissances, ou bien il ira jouer à la bourse, cherchant des émotions dans la crainte et dans l'espérance. Malheureuse victime de l'agiotage, il dissipera dans quelques mois une fortune acquise par vingt-cinq ans de travaux pénibles. Ces désastres se renouvellent chaque jour. Le grand mouvement qui règne dans notre maison, la part qu'on peut prendre à l'administration en se chargeant de la direction de tels ou tels travaux de son choix, seront suffisants pour satisfaire à l'habitude du travail et au besoin de s'occuper.

Les viveurs, ceux qui aiment la bonne chère, ceux qui aiment à se procurer le plus de jouissances avec une fortune déterminée, viendront aussi dans cette maison.

Les personnes qui ont connu l'opulence, sentiront mieux que toutes autres les avantages de cette association, parce que c'est quand on a perdu son bien qu'on en connaît véritablement le prix; et si avec ce qui reste de fortune on obtient, par le moyen de cette réunion, des jouissances décuples, on peut donc impunément alors avoir perdu les neuf dixièmes de sa fortune. Nous avons vu, dans ces dernières années, certain marquis se suicider, donnant pour motifs qu'il ne lui restait plus assez pour vivre; cependant il avait encore 30,000 livres de rente, dont il a fait cadeau à mademoiselle Mars.

> Ce n'est rien que souffrir, c'est tout que de déchoir.
>
> VOLTAIRE.

Ceux qui aiment la société, en trouveront une bien composée; car on ne réunira que des personnes bien famées et de bonnes manières, sans afféterie et sans prétentions.

L'homme de lettres, dégagé de tous soins de ménage, y vivra aussi isolé qu'il le voudra, et pourra trouver bons conseils dans quelques sociétaires, et des ressources dans la bibliothèque qui sera nombreuse et bien choisie.

L'homme prudent qui veut assurer son avenir trouvera dans cette maison toute sécurité à cet égard.

Quelle jouissance, pour un vieillard surtout, de trouver pendant l'hiver, sans sortir du logis, bonne et nombreuse société à choix! plus heureux que l'homme opulent qui ouvre ses salons où il ne se présentera souvent que des parasites et des solliciteurs.

Mais de toutes les considérations, la plus déterminante pour un homme sensé, est cette pensée, que s'il tombe malade, si sa vieillesse est condamnée à souffrir des infirmités longues et douloureuses, il recevra les soins les mieux entendus et les plus désintéressés, car le médecin, payé à l'année, n'a point intérêt à prolonger sa maladie, et les gardes-malades, habiles et exercés, sauront comment on doit le soigner et suivre exactement les prescriptions du docteur. Il n'aura point à craindre dans le ménage sociétaire le cruel isolement dans lequel vit à Paris l'homme que sa maladie ou ses infirmités forcent à garder la maison.

Pour agir, il faut des motifs déterminants; car l'homme ne change pas facilement sa position pour peu qu'elle soit supportable, s'il n'y voit pas clairement des avantages très grands; je crois les avoir démontrés de la manière la plus évidente et la plus péremptoire, et avoir présenté aussi un bon mode d'organisation.

Tant de Robert Macaire ont, par des promesses fallacieuses, trouvé des millions pour des spéculations folles ou illusoires! Nous verrons si on entendra la voix d'un homme qui, loin de réclamer aucun avantage personnel, propose, au contraire, d'aider de tous ses moyens, de sa bourse, de son temps, de son expérience une entreprise dont personne ne pourra révoquer en doute la possibilité et les nombreux avantages. Ils sont tels que pour réussir, je ne puis désirer qu'une chose, c'est qu'ils soient connus (1); à moi les gens de bien et de bon vouloir. Je prie les personnes qui possèderont cet ouvrage de le communiquer aux personnes qu'elles jugeraient dans les conditions voulues pour une pareille association. J'ai demandé deux cents personnes, parce qu'il faut bien ce nombre pour retirer un très grand bénéfice de l'association; mais il y a à Paris seulement des milliers de personnes à qui mes conditions peuvent convenir. On peut venir chez moi, rue Boucherat, n° 26, les trois premiers jours de la semaine, de 6 à 8 heures du soir, ou m'écrire; en outre, tous les mardi, de midi à deux heures, je me trouve aux bureaux de la Phalange, rue Jacob, n° 54, où l'on peut me rencontrer.

(1) Ce qui n'est pas connu pour le monde est sans vie.

GENTIL BERNARD.

AUX MANES DE CADET DE VAUX.

Homme vraiment philanthrope, c'est à votre sollicitation et sous votre patronage, c'est à votre amitié bienveillante que je dois mon entrée dans la carrière de l'industrie, et particulièrement dans celle de l'économie domestique que je viens de parcourir, j'ose dire avec quelque distinction, puisque j'ai été honoré de la médaille d'argent aux quatre dernières expositions des produits de l'industrie nationale.

Vous émettiez des idées d'associations agricoles, en 1804, dans la Décade philosophique, lorsque Charles Fourier préparait déjà les admirables ouvrages qui ont donné les moyens de réaliser tant de bien-être, et c'est à l'imitation de ce dernier, qui m'a aussi honoré de son amitié, que j'ai composé cet ouvrage. Recevez l'un et l'autre l'hommage du plus affectueux souvenir.

Voici mes titres comme industriel :

J'ai établi dans ma propriété, à Vaugirard, une blanchisserie du linge par la vapeur et une manufacture de poteries vernissées; mais ce qui m'a surtout fait connaître dans l'industrie, c'est ma fabrique de fourneaux économiques. C'est dans cette partie que je crois avoir rendu des services éminents à mon pays. Par une seule de mes nombreuses inventions (la coquille, appareil pour rôtir les viandes), on peut voir combien une chose, qui paraît simple et d'un intérêt minime, peut donner des résultats immenses. Dans l'espace de trente ans, j'en ai vendu trente mille; mais n'ayant pris mon brevet d'invention que pour cinq ans, il était à peine expiré, que des centaines d'individus en fabriquaient. Ils en ont vendu dix fois plus que moi; car cet appareil est aujourd'hui généralement connu, et se trouve dans toutes les cuisines. Pour le faire adopter, j'avais employé un moyen tout-à-fait neuf, et dont on n'a pas renouvelé l'emploi. Dès 1808, je fis répandre chez tous les marchands des principales rues de Paris un petit imprimé contenant ce qui suit : « *Harel, inventeur d'un nouvel appareil très commode et très économique pour faire rôtir les viandes, désirant le faire connaître, l'offre à l'essai pendant quinze jours. Il n'y aura aucuns frais ni de port ni de rapport. Ceux qui, après essai, voudront le garder, paieront 5 francs.* » Je n'avais pas encore imaginé la chemise de tôle, qui en augmente le prix de moitié. Calculons sur trois cent trente mille coquilles vendues pour la plus grande partie à Paris ou dans un rayon de trente lieues, où le combustible est si cher. Ces coquilles ont été vendues à des personnes riches ou grandement aisées, parce que ce sont celles-ci qui, les premières, adoptent les inventions économiques. On peut donc admettre qu'un ménage se sert de la coquille au moins une fois par semaine, ce qui fait cinquante-deux fois par an ; et comme il est généralement reconnu que cet appareil donne un bénéfice de 50 centimes chaque fois qu'on se sert de ce mode de cuisson, c'est donc 26 francs d'économie par an, qui, multipliés par 330,000, donnent le résultat de 8,580,000 fr., dont le capital, aux intérêts de 5 pour 0/0, fait la somme énorme de 171,600,000 francs. Ces calculs sont plutôt au-dessous qu'au-dessus de la réalité; mais les diminuât-on des trois quarts, c'est encore un beau cadeau fait à mon pays, 42,900,000 francs. Ce n'est point par vanité ou vaine gloire que j'entre dans ces détails, c'est pour rappeler que j'ai fait mes preuves dans cette industrie de l'économie domestique sur laquelle repose principalement la fondation que je voudrais réaliser aujourd'hui.

NOTES SUPPLÉMENTAIRES.

CHARLES FOURIER.

Né à Besançon le 7 avril 1772, Fourier n'offre rien de remarquable dans sa vie privée. Après avoir fait de bonnes études au collége de Besançon, il part comme réquisitionnaire et sert la république dans le 8e régiment de chasseurs. Il obtient son congé en l'an IV, et suit la carrière du commerce. Ce sont ses ouvrages, ce sont ses découvertes qui rendront son nom immortel. Son historiographe, M. Pellarin (1), dit que c'est de l'année 1799 (l'an VII) que date la découverte capitale de Fourier : il la fit en cherchant les combinaisons propres à mettre un terme aux fourberies du commerce contre la société, et capables d'introduire la vérité dans cette branche importante du mécanisme social.

(1) Notice biographique sur Charles Fourier, suivie d'une exposition de la théorie sociétaire. Au bureau de la Phalange, rue Jacob, 54.

En 1808 il fit paraître la Théorie des quatre mouvements.

« C'est le début de l'homme, un ouvrage dans lequel il a jeté avec tout le feu de la jeunesse et toute la fierté d'un hardi génie les merveilles et la poésie de l'avenir. C'est un brillant prospectus de la découverte dont sa tête était encore en création alors. Les parties de critique dirigées sur les vices de la société actuelle y sont traitées avec une incroyable vigueur de pensées et de style. Cet ouvrage est rempli de morceaux de la plus haute éloquence. »

En 1822, Fourier publia le Traité de l'association domestique agricole, en deux très forts volumes. C'est le grand ouvrage dans lequel Fourier a déposé toute la science qu'il ait donnée, c'est la source générale, c'est le livre indispensable à quiconque veut étudier à fond les Théories de l'Ecole sociétaire. En 1829 parut le nouveau Monde Industriel : c'est l'exposé méthodique et bien scientifiquement conduit de la partie sociale traitée avec plus de développements dans l'ouvrage précédent.

Maintenant, si l'on peut comparer le petit au grand,

Si parva licet componere magnis,

je dirai qu'il y a des points de contact et de comparaison dans la destinée de Fourier et dans la mienne. Je suis né en même temps que lui, puisqu'il n'y a pas trois mois de distance. Nous étions au collége en même temps, nous entrions au service de la république à la même époque, nous avons demandé et obtenu notre congé dans la même année, et comme lui j'ai, pendant plus de trente ans, suivi la carrière du commerce et de l'industrie, tout en cultivant comme lui les sciences et les arts; et ce qui prouve que je m'occupais à la même époque des questions qui intéressent le bonheur social, c'est que je fis imprimer dans la *Clef du cabinet des souverains*, en date du 7 fructidor an IX, un article dont la teneur suit.

MORALE.

Quelles sont les institutions propres à fonder la morale chez un peuple?

« Cette question d'un intérêt bien majeur fut proposée il y a un an ou deux par l'Institut. Il ne faut pas s'étonner si elle ne fut pas résolue d'une manière satisfaisante. Le temps donné pour ce travail fut si court, et la carrière était si vaste ! Quand je pense que pour traiter dignement cette matière, il fallait s'enfoncer dans toutes les profondeurs de l'histoire, analyser toutes les religions, mettre dans la balance de l'impartialité leurs bons et leurs mauvais effets, comparer les diverses constitutions, les divers gouvernements, les diverses lois et les diverses institutions, tant antiques que modernes ; quand je pense que, pour n'attribuer jamais les effets qu'aux causes réellement efficientes, en raisonnant d'après l'histoire, il fallait être profond métaphysicien, je crois que l'Institut devait donner au moins cinq ans de réflexion au moraliste qui aurait entrepris une tâche aussi difficile. Les difficultés étaient d'autant plus grandes, qu'en descendant des hautes régions d'une théorie générale, il fallait en faire l'application à une nation quelconque. Il fallait considérer son génie particulier, modifié par son sol et par une éducation déjà reçue ; car, sans doute, l'Institut n'offrait pas une question de pure curiosité ; il avait en vue de présenter à la France le tableau des sages institutions qu'elle peut se donner. Comme il ne peut proposer désormais aucune question qui intéresse aussi essentiellement le bonheur des nations ; puisque la morale en est la seule base et qu'elle est le meilleur soutien des lois ; je l'engage à la proposer de nouveau, et à donner dix ans pour la solution de ce problème, si difficile à résoudre. Au surplus, je crois que le temps limité par les sociétés savantes, pour répondre aux questions qu'elles proposent, est trop court. On n'est réellement instruit que dans les choses sur lesquelles on a long-temps réfléchi (1). On se plaint tous les jours que la littérature fait de grandes pertes, qu'on ne voit plus d'ouvrages qu'on puisse mettre en parallèle avec les chefs-d'œuvre du 17e siècle. Je crois que la plus grande cause vient de ce qu'on se presse trop d'écrire. C'est à l'Institut à mettre un frein au génie bouillant du Français, trop pressé de jouir de ses succès littéraires, en donnant un plus long temps pour répondre aux questions d'un grand intérêt, et surtout à des questions semblables à celle-ci.

» Harel, *des Côtes-du-Nord.* »

J'ai vainement cherché pendant longues an-

(1) On demandait un jour au célèbre Newton comment il avait fait pour trouver son *Système du monde* : C'est en y pensant, répondit-il.

nées la solution de cette question qui n'était réellement pas soluble, comme tant d'autres, avant les découvertes de Charles Fourier. « Fonder la morale, » c'est établir l'union, la concorde, l'harmonie parmi tous les membres du corps social. Cela est-il possible quand les intérêts sont en tout et partout divergents?

Les moralistes, les législateurs, tous les fondateurs des religions ont en vain voulu détruire et réprimer les passions; la crainte des plus grands châtiments, l'espoir des plus grandes récompenses ont été de nul effet sur les masses. L'expérience de tous les temps et de tous les siècles a bien prouvé l'inutilité des tentatives faites à cet égard. Ainsi donc, puisqu'il est prouvé qu'on ne peut détruire et réprimer les passions, (l'auteur de la nature ne l'a pas voulu, puisqu'il ne fait rien d'inutile,) il fallait donc trouver un milieu social où elles pussent, sans troubler l'ordre, s'exercer librement en s'harmonisant et se servant de contrepoids; il fallait trouver le moyen de rendre le travail attrayant, de répugnant et de fastidieux qu'il est. Il fallait, sans rien retrancher aux jouissances de l'homme riche, soulager le malheureux, faire cesser la misère, source de tant de crimes et de forfaits, car la faim est *mauvaise conseillère*; il fallait enfin trouver l'art d'associer, art si difficile lorsqu'il est question tout à la fois de la production, de la distribution et de la consommation. Il fallait trouver la série qui engendre et distribue les harmonies, il fallait prouver que les attractions sont proportionnelles aux destinées.

Il n'y a qu'un génie transcendant et hors de ligne qui ait pu faire d'aussi belles découvertes. Pour arriver là, il a dû prendre pour point de départ le *doute absolu* et l'*écart absolu*. On ne peut s'imaginer combien j'éprouvai de plaisir quand je trouvai dans les ouvrages de Fourier ce que je cherchais depuis si long-temps; et quand je connus l'auteur, quels respects, quelle vénération je lui témoignai! Il m'en a récompensé par son amitié. On en verra la preuve par la lettre ci-jointe que j'ai fait autographier, c'est mon plus grand titre de gloire.

L'amitié d'un grand homme est un bienfait des dieux.

—

A la page 55, j'ai cité Soufflard au nombre des assassins chez lesquels l'organe de la destructivité était très proéminent. Je n'ai fait cette citation que parce que j'avais vu, et bien vu, dans le musée précité de M. Dumoutier, le buste de ce monstre *moulé sur nature* (ce dont on peut s'assurer en visitant ce musée); mais un de ces hommes qui ont des yeux et ne veulent pas voir, un de ces hommes que le poëte Andrieux a si spirituellement dépeints,

> Au char de la Raison attelés par derrière,
> Veulent à reculons le traîner dans l'ornière.

a fait insérer, dans la Gazette de France : « La » phrénologie vient encore de recevoir un échec. » L'assassin Soufflard n'a pas l'organe du meur- » tre. » Que cet article ait été inséré dans ce journal, cela ne m'étonne pas; ce qui m'étonne, c'est que les autres journaux, qui désirent le progrès et l'avancement de toutes les sciences, aient répété et accueilli sans examen cette fausse assertion. Messieurs les journalistes, sachez donc que les vérités ont bien de la peine à s'établir et à prendre possession des esprits (1); ainsi, quand je parle phrénologie à quelques hommes du monde, on me cite ce que vous avez annoncé. Hé! quand l'organe de la destructivité ne serait pas très proéminent sur la tête de Soufflard, serait-ce une raison pour dire que la science est en défaut?

Il y en a qui tuent avec beaucoup de répugnance, tels sont la plupart des militaires pendant la guerre. Beaucoup d'assassins ne tuent que pour voler ou dans la crainte d'être découverts, comme aussi beaucoup de voleurs ne volent que pour obéir à d'autres impulsions. Il y en a même qui ne volent que pour donner. Tel fut un malheureux ministre de la religion anglicane, condamné à mort comme faussaire, et qui n'avait commis ce crime que pour obliger un ami. Voici des cas dans lesquels la science serait en défaut, si, par exemple, l'organe de la destructivité n'avait pas annoncé sa puissance chez ce banquier hollandais que j'ai cité, qui

(1) Long-temps après les belles découvertes de Lavoisier, le sage professeur de chimie nous parlait encore de l'*acidum pingue*.

payait pour avoir le plaisir d'égorger des animaux ; chez Madeleine Albert, cette hyène, qui avait tué toute sa famille à coups de hache ; et dont on peut voir le crâne au cabinet d'anatomie du Jardin-des-Plantes. Ce serait aussi une fort mauvaise manière de raisonner que de se dire : Je vois par l'organisation de cet homme qu'une grande puissance d'impulsion le porte à s'emparer du bien d'autrui, donc il volera. Hé bien ! non ; si des forces plus puissantes viennent lutter avec avantage contre la première. Charles Lucas, inspecteur-général des maisons de détention, me disait un jour qu'un banquier de la capitale lui avait avoué que lorsqu'il passait à côté de la boutique d'un bijoutier ou d'un orfévre, il éprouvait un tel désir de le voler qu'il ne paierait pas trop cher ce plaisir de douze cents francs, lors même qu'il ne lui volerait qu'un objet de la valeur de douze francs. Rostopchin, ce général russe, incendiaire de Moscou, dont on vient de publier les Mémoires, dit qu'il y a trois grands plaisirs qu'il n'a pu se procurer. Il place en première ligne celui de voler. On reconnaît dans cet aveu l'organisation d'un Tartare, ce peuple de pillards et de voleurs. Pourquoi ces deux hommes n'ont-ils pas cédé à cette impulsion, qui était cependant si impérieuse? C'est qu'ils étaient trop haut placés dans l'échelle sociale ; c'est que l'organe de la vanité, celui de la circonspection et peut-être celui de la consciencieusité offraient-ils, soit partiellement, soit dans leur réunion, une barrière insurmontable, c'est toujours, comme je l'ai dit, effet de statistique équilibre de force.

Il paraît qu'il y avait chez Amédé I, roi de Sardaigne, et chez notre roi, Henri IV, moins de contrepoids, car on sait qu'ils étaient voleurs, et qu'ils ne se gênaient pas pour se donner ce plaisir. On sait très bien qu'Henri IV trichait au jeu. Je m'arrête, car mon but n'est point de faire un traité de phrénologie ; mais seulement de faire connaître en peu de mots quelle est l'utilité de cette science, qui est la première de toutes ; car elle n'est autre que la connaissance de l'homme, et aussi de quelle manière elle doit être étudiée.

—

Dans la note au bas de la page 56, j'avais promis le développement et la preuve de cette proposition, « que dans l'état harmonien, il ne sera pas nécessaire de mutiler l'homme, parce que chaque faculté, chaque penchant y reçoit satisfaction, sans que l'ordre puisse être troublé. » J'ai réfléchi depuis que les esprits, tout imbus de nos préjugés sociaux, ne peuvent se rendre qu'à l'évidence même, et que je n'atteindrais pas le but en me bornant aux preuves auxquelles l'espace étroit d'une note m'aurait limité. En conséquence, je préfère renvoyer aux ouvrages de Fourier, où ces preuves sont données avec un talent et une profondeur de vues admirables, et où tout homme intelligent pourra reconnaître, en prêtant une attention sérieuse à l'auteur, la vérité de la proposition que j'ai énoncée avec une conviction complète. Les personnes qui craiendraient la difficulté de l'étude des ouvrages de Fourier, liront avec fruit ceux de ses disciples; qui ont traduit en langage plus élémentaire la théorie du grand homme.

—

A la page 61, j'ai cité Gouget, commissaire de police. Il vient d'être destitué, ayant été pris en flagrant délit comme voleur. Condamné d'abord *administrativement* à passer quelques mois dans une maison de santé, puis jugé et renvoyé absous comme n'ayant pas joui de toute sa liberté morale. Ce qui m'a rappelé le discours prononcé par M. Dupin aîné à la Cour de cassation dans l'audience solennelle de rentrée de 1833 :

« La philanthropie appelle de ses vœux une » véritable révolution dans le système de la » pénalité. Aux yeux de quelques philosophes, » le crime n'est, pour ainsi dire, que la suite » d'une affection cérébrale ; c'est une sorte de » maladie, et pour eux tout procès criminel se » réduit presque à une question de phrénologie. » Dès lors, au lieu de peines sévères, il ne fau- » drait que de bons soins ; les prisons ne de- » vraient être que des *hôpitaux* où les coupables » seraient habilement traités, des gymnases où » ils fortifieraient leurs organes, des écoles où » s'éclaireraient leurs esprits. Je n'accuse pas » ces utopies dans ce qu'elles ont d'humain et » de généreux. Je résiste seulement à l'extension » trop rapide qu'on voudrait donner à leur » application. »

Descartes avait déjà dit que ce serait dans la médecine qu'on trouverait les moyens de guérir les infirmités *morales* de l'humanité. Je pourrais citer bien des faits à l'appui de cette opinion; je dirai seulement que le docteur Fabré Palaprat a guéri une monomanie homicide par le galvanisme seulement *en opérant dans l'organe cérébral un ébranlement éminemment utile*; telles sont les expressions dont il se sert. (*Voyez* son ouvrage *du galvanisme appliqué à la médecine*. Paris, 1828.)

J'ai pu rendre à la santé et à la raison un enfant de dix ans qui périssait victime d'une passion honteuse, malgré toute la surveillance de ses parents, par l'emploi de vessies contenant de la glace appliquées sur la partie du cerveau qu'on appelle le cervelet, près la nuque du cou. Ce froid prolongé a pu faire cesser la surexcitation de cet organe, seule et unique cause de l'impulsion.

Le docteur Gall m'a dit avoir guéri un monomane religieux par l'application de l'électricité négative ou résineuse sur le haut de la tête où nous plaçons l'organe de la réligiosité.

Mais la plus grande cause des crimes n'est pas là. Faites cesser la misère, organisez le travail, rendez-le attrayant en employant les seuls et uniques bons moyens proposés par Fourier, et alors vous supprimerez les quatre-vingt-dix-neuf centièmes des vols et des assassinats qui se commettent actuellement, et si quelques organisations excentriques et anormales, poussées par une impulsion native plus forte que la raison, se livraient encore à quelques excès condamnables, ce serait alors dans la médecine qu'on devrait en chercher les moyens correctifs.

Si vous ne le faites pas, ce sera toujours en vain que vous dépenserez des centaines de millions pour vos bagnes, vos prisons, vos maisons pénitenciaires. Vous verrez chaque jour augmenter le nombre des coupables, qui est déjà vraiment effrayant. Dans l'année 1826, le nombre des récidivistes n'était que de quatre mille sept cent soixante, et en 1836, il était de neuf mille six cent quatre-vingt-deux, augmentation de plus de moitié dans l'espace de neuf ans.

—

J'ai dit, à la page 139, que j'admettais les femmes dans cette association; mais je voudrais qu'elles n'y comptassent que pour un quart, ou tout au plus pour un tiers, désirant qu'elles y soient l'objet de plus de soins, d'égards et d'attentions.

J'ai dit, à la page 151 : « Quand établira-t-on une maison d'invalides civils pour y placer des artistes ou des savants malheureux? » N'avons-nous pas vu, dans ces derniers temps, un homme de lettres, un vieillard de quatre-vingts ans jeté sur le pavé, parce qu'il n'avait pas le moyen de payer son terme, décidé à se laisser mourir de faim? Cointereau, qui a grandement perfectionné l'architecture rurale en la simplifiant, n'a dû qu'à la générosité d'un Anglais d'avoir pu entrer dans l'hospice payant de Sainte-Périne.

Hégésipe-Moraux et Gilbert ne sont-ils pas morts à l'hôpital? J'ai connu grand nombre d'artistes et de savants qui avaient enrichi leur patrie par leurs découvertes, et qui éprouvaient dans leur vieillesse toutes les privations et tous les inconvénients d'un état voisin de la misère. Je puis citer le célèbre chimiste Beaumé, qui le premier a fabriqué en grand le sel ammoniac; le chimiste Leblanc, qui ayant trouvé le moyen de retirer la soude du sel marin, avait, en société du duc d'Orléans, père de notre roi, créé, à Saint-Denis, une manufacture, laquelle, malgré tous les progrès que la chimie a faits depuis, sert encore de modèle à toutes les nombreuses fabriques établies depuis. Leblanc nous a donc affranchis du tribut que nous payions à l'étranger pour ce produit, ce qui épargne à la France une sortie de plus de vingt millions tous les ans. Je puis citer encore Cadet de Vaux qui a rendu à l'agriculture et à l'économie domestique des services éminents et bien connus, Lomont (1) qui a ap-

(1) C'est avec raison que je revendique pour mon pays cette brillante invention que les étrangers viennent d'annoncer comme nouvelle, et dont le roi de Bavière fait en ce moment l'application. Arthur Young, dans la relation de son voyage agronomique fait en France en 1787, dit, t. 1, p. 188 : « Je fus rendre » visite à M. Lomont, mécanicien fort ingénieux ; il a » fait une découverte fort remarquable dans l'électri- » cité. Vous écrivez deux ou trois mots sur du papier ; » il les prend avec lui dans une chambre, et tourne » une machine dans un étui cylindrique, au haut du- » quel est un électomètre ; une jolie petite balle de » moëlle de plume ; un fil d'archal est joint à un pareil » cylindre électriseur dans un appartement éloigné. » Sa femme, en remarquant le mouvement de la balle » qui correspond, écrit les mots qu'ils indiquent, d'où » il paraît qu'il a formé un alphabet de mouvements. » *Comme la longueur du fil d'archal ne fait aucune* » *différence sur l'effet, on pourrait entretenir une cor-* » *respondance de fort loin.* Quel que soit l'usage qu'on

porté de notables perfectionnements au métier à filer le coton, et qui fut inventeur des télégraphes électriques; enfin, le plus célèbre de tous, Fourier, que la postérité saluera du nom de Grand.

Ces invalides civils seraient si bien au château de Meudon, où le prince royal ne va pas deux fois par an. On le dit bon et humain : une pareille fondation serait une belle preuve de sa générosité. Puisse-t-il être le promoteur d'une institution et d'un acte aussi juste que politique!

—

A la page 159, j'ai loué, et avec raison, ceux qui avaient établi en France les caisses d'épargnes. Je fais observer que mes combinaisons financières sont bien préférables, car l'ouvrier qui avait des habitudes de dépenses réglées, éprouve des privations s'il veut économiser pour l'avenir, au lieu que le sociétaire, par l'effet des achats faits en grand et tirés immédiatement du producteur, tout en laissant à l'établissement

» en pourrait faire, la découverte est admirable. »

De pareils hommes ne mériteraient-ils pas un brillant asile dans leur vieillesse?

une partie des bénéfices qui en sont le résultat pour les objets de sa consommation, augmente encore ses jouissances en assurant son avenir, puisque, déduction faite de cette part réservée, il paie encore moins cher ces objets et de meilleure qualité qu'il les paierait dans son état d'isolement. C'est ainsi qu'il est facile de faire des économies quand cela ne coûte rien.

—

Pages 166 et 170, nous avons dit comment on doit s'y prendre pour rendre une maison incombustible; mais il se passera sans doute bien des siècles avant que l'emploi de ces moyens devienne un peu général. Voyons, dans l'état actuel des choses, quelle serait la meilleure manière de diminuer le nombre des incendies, et le meilleur mode de distribution de secours et d'indemnités à l'incendié.

Pour que le nombre des incendies diminuât, il faudrait que chacun eût intérêt à exercer une surveillance exacte et à empêcher ces sortes d'accidents; c'est le contraire qui se voit aujourd'hui. Depuis qu'on peut faire assurer sa propriété à sa valeur, et souvent à plus que la valeur, on a vu des gens assister, les bras croisés, à l'incendie de leur maison. Il a été même prouvé qu'il y en avait eu d'assez scélérats pour y mettre le feu, au risque d'incendier leurs voisins. Il ne faudrait donc pas que celui dans la maison duquel aurait commencé l'incendie fût remboursé de la totalité de ses pertes. Il faudrait aussi que tous les habitants d'une commune, et même du canton, eussent un intérêt direct à aller porter des secours. On ne verrait pas alors tant d'égoïstes rester inactifs, et se réjouir souvent du malheur d'un rival ou d'un homme plus riche qu'eux. Si la commune et le canton devait payer tout ou grande partie des désastres, les maires et les administrateurs seraient moins insouciants; ils organiseraient des compagnies de pompiers; ils auraient de bonnes pompes et de bons seaux à incendie (1).

(1) Nous lisons dans l'Eclair, journal de Bruxelles : « La magnifique fabrique de coton de M. Bawens, à Saint-Gervais, faubourg de Namur, vient d'être dévorée par les flammes. Le ravage avait fait des progrès *depuis près de deux heures,* quand deux des pompes de la ville sont arrivées, et ont aidé à sauver un bâtiment servant aussi d'atelier. On dit que cette filature était *assurée.* Cet accident privera de travail pendant six mois au

Pour obtenir ces avantages, il faudrait établir une mutualité générale, et que la somme à payer fût d'autant plus forte qu'on serait plus voisin de l'incendie; ainsi, par exemple, la commune serait tenue de payer jusqu'à la concurrence du dixième de ses contributions, le canton du vingtième, et le département du centième; et en cas d'insuffisance de ces contributions de la localité, le trésor public serait autorisé à prendre sur les fonds généraux pour compléter la somme nécessaire pour indemniser l'incendié. Les proportions que je viens de donner ne sont pas absolues; j'ai voulu seulement indiquer le principe. Les communes prélèveraient des centimes additionnels, destinés à faire face à ces remboursements. Il est facile de voir que ce système serait avantageux pour l'état qui prendrait ainsi la place des compagnies d'assurances. Je vois, dans l'Abeille, que les compagnies d'assurances, dans ces dernières années, après avoir payé trente-cinq millions de sinistres, se sont partagé la somme énorme de cent cinq millions de bénéfice.

Les communes pourraient placer ce fonds de

moins deux cent cinquante ouvriers. (Extrait du Bon Sens, du 29 janvier 1838.)

réserve aux caisses de prévoyance, afin de répartir sur plusieurs années les sacrifices à faire pour remédier aux désastres. Le mieux serait d'établir un comptoir communal assurant le placement des produits agricoles, et offrant la possibilité de faire des avances aux cultivateurs, comme l'a proposé Just Muiron. On pourrait aussi établir cette mutualité générale contre les épizooties, contre les gelées, la grêle (1). On conçoit que je n'ai pu donner ici que quelques vues générales.

Unir et lier les intérêts en tout et partout : voilà le problème.

Ces observations et quelques autres, dans cet ouvrage, sont étrangères à mon sujet ; mais je ne puis résister au désir de publier des vérités que je crois utiles, sachant qu'il ne faut souvent

(1) Un orage violent a éclaté dans plusieurs communes de l'arrondissement d'Angers. En moins de dix minutes la grêle a détruit presque toutes les récoltes ; tout a été coupé, haché par les grêlons : le sol est entièrement nu dans bien des endroits. Un brave et honnête fermier placé à la tête d'une exploitation importante, et dont toute la récolte est perdue, s'est noyé de désespoir. (Journal de Maine-et-Loire, juin 1837.)

qu'un grain pour produire plus tard de belles et abondantes moissons.

J'ai conseillé, lorsqu'on veut prendre connaissance de la doctrine sociétaire, de commencer par la lecture des ouvrages des disciples de Fourier, comme on conseille au jeune mathématicien de bien étudier son Bezout avant d'aborder la Mécanique céleste de Laplace, ou le Calcul différenciel et intégral de Lagrange. D'ailleurs les ouvrages de Fourier sont épuisés, on va s'occuper d'en faire de nouvelles éditions.

Je recommande en première ligne la Destinée sociale, 3 vol. in-8°, gravure 18 fr., par Victor Considérant (exposition élémentaire complète de la théorie sociétaire); cet ouvrage plein de verve est clair, méthodique et bien éloquemment écrit. On lui a reproché d'avoir peint avec un peu trop d'acrimonie les vices de notre état social, mais certaines âmes ne peuvent voir sans grande émotion les souffrances et les misères de l'humanité. On serait vraiment affligé si je citais le nombre des personnes qui sollicitent la place vacante de bourreau à Paris, et l'activité de leurs démarches.

Just Muiron, le plus ancien disciple de Fourier et son ami intime, a publié Vices de nos procédés industriels ; brochure in-8° 3 f. ; Transaction sociale religieuse et scientifique 1 vol. in-8°, 3 f.

Paget, docteur en médecine, Introduction à l'étude de la science sociale (formant une exposition abrégée de la théorie sociétaire), 1 vol. 2 f. 50.

Charles Pellarin : Vie de Charles Fourier et analyse raisonnée de ses ouvrages, 1 vol. 2 f. 50.

Baudet-Dulary, ancien député : Essai sur les harmonies physiologiques, 1 vol. avec figures, 10 f.

Deux dames ont aussi écrit sur la théorie sociétaire. Madame Clarisse Vigoureux, qui a pris tant de soins de la vieillesse de Fourier, a publié un ouvrage qui fait honneur à son esprit et à son cœur : Paroles de Providence, 1 vol. in-8°, 3 f.

Madame Gati de Gamon dont l'ouvrage est intitulé Fourier et son système, est déjà à sa seconde édition. 1 vol., 2 f. 50.

Enfin, si on veut suivre le mouvement, on s'abonnera à la Phalange.

Journal de la science sociale ; 24 livraisons par an, 12 f.. Tous ces ouvrages se trouvent au bureau de la Phalange, rue Jacob, 54.

FIN.

www.ingramcontent.com/pod-product-compliance
Ingram Content Group UK Ltd.
Pitfield, Milton Keynes, MK11 3LW, UK
UKHW020321230726
13925UKWH00002B/555

9 782013 671545